QUELQUES MOIS

DE SÉJOUR

AUX

ÉTATS-UNIS D'AMÉRIQUE

PAR J.-H. GRANDPIERRE, D. T.

PASTEUR-SUFFRAGANT DE L'ÉGLISE RÉFORMÉE DE PARIS
ET DIRECTEUR DES MISSIONS ÉVANGÉLIQUES.

PARIS

CHEZ GRASSART, LIBRAIRE,
11, RUE DE LA PAIX.

1854

QUELQUES MOIS

DE SÉJOUR

AUX

ÉTATS-UNIS D'AMÉRIQUE

PARIS.—TYP. SMITH, RUE FONTAINE-AU-ROI. 18.

QUELQUES MOIS

DE SÉJOUR

AUX

ÉTATS-UNIS D'AMÉRIQUE

PAR J.-H. GRANDPIERRE, D. T.

PASTEUR-SUFFRAGANT DE L'ÉGLISE RÉFORMÉE DE PARIS
ET DIRECTEUR DES MISSIONS ÉVANGÉLIQUES.

PARIS

CHEZ GRASSART, LIBRAIRE,
11, RUE DE LA PAIX.

1854

PRÉFACE

A notre départ pour les États-Unis, un ami nous tint ce langage : « Ah ça! j'espère que vous allez nous donner de vos nouvelles dans *l'Espérance?* » A notre retour, plusieurs nous ont accueilli avec ces mots : « N'aurons-nous pas vos impressions de voyage? » Nous n'avons fait ni l'un ni l'autre. Nous n'avons pas adressé de lettres à nos amis, de l'autre côté de l'Atlantique, parce qu'avant d'écrire, il fallait voir ; et nous n'avons pas publié nos impressions de voyage, parce qu'en général nous n'aimons pas les impressions de voyage, et que d'ailleurs nous étions resté trop peu de temps aux États-Unis pour avoir la prétention de connaître et de juger ce pays. Mais il nous a paru qu'il y avait une voie moyenne à prendre entre des épîtres et des impressions de voyage : c'est celle que nous avons choisie. En courant, en causant, en observant, nous avons recueilli quelques observations; ces observations, nous les avons mises en ordre, et après les avoir publiées, sous le titre de Notes, dans le journal *l'Espérance* (1), nous les réunissons en ce petit volume, pour satisfaire au désir de nombreux amis qui nous ont demandé de ne pas les laisser s'envoler et s'éparpiller avec les feuilles d'un journal.

Nous nous sommes rendu d'autant plus volontiers à l'invitation qui nous a été adressée, que nous avons appris, avec une grande joie, que cette esquisse générale de la vie religieuse et morale aux États-Unis avait fait du bien, et avait excité plusieurs personnes parmi nous à une sainte jalousie. Dieu veuille que, rassemblés ici, ces mêmes frag-

(1) Dans les mois de septembre, octobre, novembre, décembre 1853 et janvier 1854.

ments produisent, avec sa benédiction, de nouveaux fruits de foi, de zèle, de charité et de libéralité, à sa gloire et pour le bien de nos chères Églises et de la patrie en général!

Outre quelques additions faites à ce petit ouvrage, un chapitre nouveau a été ajouté à ceux qui ont paru dans *l'Espérance;* on y trouvera de plus un Appendice assez étendu destiné à compléter les détails que nous avons déjà donnés. La présente publication n'est donc pas, en tous points, la même que celle que l'on connaît. Le lecteur la trouvera sensiblement modifiée et augmentée.

L'AUTEUR.

Paris, Janvier 1854.

I

VISITE A UN VILLAGE INDIEN.

Avez-vous été au Niagara? Ne voulez-vous pas aller voir le Niagara? Telle est l'une des questions les plus fréquentes que l'on adresse au voyageur, au moment où il met le pied sur les rives du Nouveau-Monde. On la lui fait même quelquefois avant qu'il ait débarqué et pendant qu'il vogue encore sur l'Océan. C'est dire que les Américains sont très enchantés et très fiers en même temps de leurs chutes du Niagara.

Nous sommes donc allés au Niagara; nous devions y aller, nous ne pouvions pas ne pas y aller. Disons tout de suite que la réalité a dépassé les descriptions que nous en avions lues et les représentations que nous nous en étions faites. Les chutes du Niagara sont incontestablement l'une des plus grandes et des plus magnifiques scènes de la création. Tout s'y réunit pour frapper l'imagination et produire une impression unique dans son genre : la masse énorme d'eau qui se précipite incessamment dans l'abîme ; le bruit qu'elle fait en tombant et qui ressemble aux roulements répétés du tonnerre ; l'écume qui jaillit et s'élève en tourbillons ; le gouffre sans fond où se jette le lac-rivière (1) ; les rocs à pic qui en forment le lit et entre lesquels celui-ci roule ses ondes furieuses ; les arbres séculaires qui encadrent la cataracte de leur noire verdure et qui font ressortir la blancheur éclatante de l'écume de ses eaux ; l'arc-en-ciel permanent qui, dans les beaux jours, vient couronner cet aspect magique, rien ne manque ici de ce qui peut surprendre, étonner, et, dans le ravissement qui saisit

---

(1) Le Niagara n'est à proprement parler que le lac Erié, qui, à son extrémité nord-est, commence à couler sur un plan incliné, qui, s'abaissant peu à peu, produit d'abord les *rapides*, puis les fameuses cataractes.

l'âme du spectateur chrétien, celui-ci ne trouve à exprimer son admiration que par ces paroles du Psalmiste : « Je me suis souvenu des exploits « de l'Éternel. Tu es le Dieu fort qui fais des « merveilles. Les eaux t'ont vu, ô Dieu ! et ont « tremblé ; même les abîmes ont été émus. La « terre en a été émue et a tremblé (Ps. LXXVII ; « 12, 17, 19). »

A quelques lieues des chutes du Niagara se trouve un village indien, placé sous le ministère d'un missionnaire évangélique, le révérend G. Rockwood. Nous venions d'admirer la magnificence des œuvres du Créateur dans les cataractes de ce fleuve immense qui, avec le fracas du tonnerre, se verse, à près de deux cents pieds de hauteur, dans les profondeurs d'un gouffre d'où il rebondit pour s'élever en tourbillons d'écume et en nuages d'eau (a). Il était assez naturel qu'après avoir assisté à des scènes d'un caractère aussi imposant, nous éprouvassions le besoin de reposer nos esprits dans la contemplation d'une œuvre également divine, mais plus calme et plus douce, celle de la

(a) Voir l'Appendice à la fin du volume.

régénération des âmes. Nous étions d'autant plus curieux de voir des Indiens chrétiens, que quelques semaines auparavant nous avions eu l'occasion de rencontrer des Indiens païens à l'état sauvage. Ces derniers, qui appartiennent à la tribu des Chactas, étaient au nombre de quarante-deux, hommes, femmes et enfants. Quand nous les aperçûmes pour la première fois, ils étaient campés près d'un de ces jolis lacs américains, à l'eau bleue et profonde, encadrés dans des groupes d'arbres du plus gracieux effet. Au milieu du camp était un feu près duquel se tenait accroupi un vieillard, immobile et paraissant être le chef de la bande. Devant et derrière lui étaient étendus pêle-mêle sur le sol des hommes et des femmes, les uns enveloppés dans des couvertures, les autres la tête appuyée contre des arbres. Soit préjugé, soit aversion naturelle pour les maîtres actuels du pays, les *peaux-rouges*, quand ils n'ont pas subi l'influence de l'Évangile, se refusent à entrer dans les maisons des blancs; ils préfèrent vivre en plein air et coucher à la belle étoile. Rien de plus propre à répandre dans l'âme une douloureuse impression de tristesse que la vue de ces indigènes, vrais enfants par le caractère et les habitudes, insouciants du lendemain, consumant leurs journées dans la paresse, ne songeant qu'à dormir et à manger, ne se levant que pour lancer une flèche ou jouer à l'un de leurs jeux favoris, et mettant dans ces amusements une sorte de passion qui approche de la fureur. Leurs jeux, en effet, sont des espèces de luttes où nous avons vu leurs femmes les animer du geste et de la voix, au moyen de cris véritablement sauvages.

Les Chactas, dont nous venons de parler, étaient sous la direction d'un Français venu avec eux de l'État d'Alabama, espèce de cornac qui faisait voir pour de l'argent ces naturels du pays, ces maîtres primitifs du sol, ces bourgeois du Nouveau-Monde, à qui?... à des blancs qui leur ont ravi leur patrie et aux yeux desquels ils sont aujourd'hui des étrangers..... Triste vicissitude des choses humaines, mystère impénétrable des voies de la Providence!

Le spectacle qui nous attendait à la station missionnaire du Niagara était d'une tout autre nature que celui qui nous avait été offert sur les bords du lac *Fresh-Pond* et dans la plaine de Medford (Massachusetts). Nous allions voir des Indiens habillés à l'européenne, cultivant la terre, possédant des fermes et gagnant leur vie par le travail de leurs mains, civilisés, en un mot. Nous savions que ces indigènes, au nombre de trois cents, appartenaient à la tribu des Tuscaroras; que cent d'entre eux étaient baptisés, et que les autres, sans être encore reçus dans la communion de l'Église, respectaient les lois établies dans le village, sous l'autorité d'un chef principal et de quelques autres petits chefs baptisés. Comme nous avions pour le missionnaire de la station une lettre de recommandation de la part de l'un des secrétaires du Conseil américain pour les Missions étrangères, nous devions compter sur un fraternel accueil qui ne nous a pas fait défaut.

Le chemin que nous eûmes à parcourir pour arriver au village nous conduisit tantôt à travers de vastes champs, tantôt dans des bois épais, tantôt le long des eaux écumantes du Niagara, qui, au-dessous des chutes, roule ses eaux furieuses entre des rochers à pic d'une prodigieuse hauteur. En approchant de l'établissement, le premier Indien qui se présenta à nos regards était dans son verger, occupé à cueillir des fruits sur un pommier. C'était de bon augure pour la civilisation. Bientôt nous vîmes poindre le clocher de la chapelle, puis nous passâmes la maison d'école, où une institutrice tenait l'école du dimanche; enfin nous atteignîmes le presbytère, où le pasteur et sa famille s'apprêtaient à se rendre à l'église (c'était un dimanche), et nous fûmes heureux de nous y rendre avec eux. En entrant, nous trouvâmes la chapelle remplie moitié d'Indiens proprement vêtus, moitié de colons américains venus des fermes du voisinage. Au milieu de l'assemblée, quelques femmes indiennes tenaient sur leurs genoux ou avaient déposé à leurs pieds leurs enfants couchés dans des berceaux en bois assez massifs. Elles les avaient apportés, ainsi emmaillotés, de plusieurs milles de distance. On eût dit que la leçon avait été faite à ces petits marmots au teint cuivré, car nous remarquâmes que pas un d'eux ne cria ni ne pleura pendant la durée du service.

Le culte commença par le chant d'un cantique

en langue indienne qui fut entonné par un chœur d'Indiens, hommes et femmes, en trois parties. Les solos de femmes étaient de la plus grande douceur et de la plus parfaite justesse, et les seconds dessus et les basses, soutenus par l'accompagnement d'un violoncelle, entre les mains d'un Indien, n'étaient pas moins remarquables pour la mesure et l'harmonie. Après la prière, le révérend Rockwood prononça en anglais un discours qui fut traduit phrase après phrase par le chef de la tribu, faisant les fonctions d'interprète, et placé en chaire à côté du prédicateur. La traduction du sermon était pour le moins aussi animée que le sermon lui-même; car si nous ne comprenions pas le langage barbare pour nous du chef tuscarora, il nous était facile de juger, aux accents de sa voix et à l'animation de ses gestes, qu'il ne faisait point un métier, mais qu'il prêchait lui-même bien réellement. Une prière, un second chant et une collecte en faveur de l'œuvre des Missions terminèrent le service.

J'étais si ému de ce que je venais de voir et d'entendre, que je demandai la permission d'adresser quelques paroles à l'assemblée. Je saluai les Indiens chrétiens au nom de leurs frères de France; je leur donnai quelques détails sur l'état de la religion dans notre patrie, et les exhortai à persévérer dans la voie de l'Évangile. J'avais pour interprète le chef qui venait de traduire le sermon du pasteur; à en juger par l'action qu'il y mit, il s'acquitta parfaitement de sa tâche. La chaleur était accablante; les fenêtres de l'église étaient ouvertes; et pendant que je parlais à ces frères rouges, à 1,500 lieues de la France, mes yeux plongeaient sur une plaine immense, toute noire de forêts, et au terme de laquelle j'apercevais les rives du lac Ontario (1).

En quittant ces frères, que je ne devais plus revoir, je leur serrai cordialement la main. Je n'ignorais pas que le chef qui venait de me servir d'interprète n'était pas seulement un bon traduc-

(1) Le lac Ontario, qui est une espèce de mer et sur lequel naviguent des vaisseaux à trois mâts, a une centaine de lieues de longueur sur une trentaine de largeur. Il est presque aussi grand que le lac Érié, qui lui verse le tribut de ses eaux. Mais tous deux, quelque vastes qu'ils soient, s'effacent, en quelque sorte, devant leurs voisins gigantesques, les lacs Huron, Michigan et Supérieur. Ces cinq lacs réunis renferment à eux seuls la moitié des eaux douces qui couvrent la surface du globe.

teur, mais qu'il était, de plus, un excellent chrétien; qu'il ne savait pas seulement bien parler,
mais encore qu'il était capable de bien agir. Il y a
quelque temps qu'il prit la résolution de donner
100 fr. à la Société des Missions. Comme il n'a-
vait pas d'argent, il donna son cheval; le cheval
fut vendu 30 dollars (150 fr.). On lui offrit naturellement de lui rendre 50 fr.; mais il fit de
grandes difficultés; sa conscience lui paraissait
engagée dans cette affaire; il lui semblait qu'ayant
donné son cheval, il n'avait pas le droit de reprendre une partie de son prix. Enfin il consen-
tit à partager la différence. On lui remit 25 fr.,
et 125 furent versés dans la caisse de la Société
des Missions de Boston. — Je tiens ce fait du
secrétaire même de cette Société, qui me l'avait
raconté avant que je me misse en route pour le
nord-ouest des États de l'Union.

Dans leurs moments de loisir, les Indiens fa-
briquent, en écorce d'arbre, de charmants objets qu'ils brodent avec des crins de porc-épic
teints de différentes couleurs. Nous nous en
sommes procuré quelques-uns pour la prochaine

vente en faveur de la Société des Missions évangéliques de Paris *(b)*.

Après nous être séparés de nos amis les Indiens, nous fûmes surpris en route par un orage comme l'on n'en voit probablement qu'en Amérique. L'air était en feu, et des torrents de pluie tombaient du ciel au milieu des roulements incessants du tonnerre. Nous avions pensé un moment à nous réfugier dans la forêt; mais nous renonçâmes bientôt à cette idée. Lorsque nous rentrâmes à notre hôtel, quoique en voiture, nous étions trempés à peu près comme si nous eussions pris un bain sous les cataractes du Niagara.

En général, l'œuvre des Missions évangéliques est fort appréciée, grandement aimée et libéralement soutenue aux États-Unis. Je connais une Église à Boston qui, à elle seule, contribue pour 30,000 fr. par an à la Société des Missions. Aussi les recettes annuelles du *Conseil américain pour les Missions étrangères* sont-elles de 1 million 500,000 fr.; celles de la *Société des*

(b) Voir l'Appendice à la fin du volume.

Missions de l'Église presbytérienne, de 750,000 francs environ ; celles de la *Société des Missions baptistes* à peu près égales, sans compter d'autres Sociétés moins considérables que celles que nous venons de nommer.

La vocation missionnaire est aussi, dans ce pays, très honorable et très honorée aux yeux des chrétiens. On ne voit pas s'y vouer, comme chez nous, des artisans et des agriculteurs seulement ; mais comme on estime que cette carrière est d'autant plus belle qu'elle expose à plus de périls, et qu'elle est d'autant plus importante que ses résultats sont plus magnifiques, elle recrute des ouvriers dans les classes les plus élevées de la société. L'ancien secrétaire du Congrès américain, l'honorable Walter Lowrie, a eu deux fils missionnaires, l'un en Chine, l'autre dans les Indes ; le docteur Hodge, de Princeton, a un fils missionnaire ; les pasteurs les plus distingués dans l'Église, les professeurs les plus éminents dans les facultés de théologie ont des fils missionnaires qui ont fait leurs études classiques dans les meilleurs colléges, et leurs études pour le saint ministère dans les meilleures universités. Que nous sommes loin de ces mœurs et de cette manière de voir! Toutefois, ne soyons pas ingrats; il y a ici et là, parmi nous, des symptômes qui présagent un meilleur avenir. Je n'en citerai que deux exemples encourageants. Tout récemment, j'ai reçu une lettre d'un protestant étranger, il est vrai, mais résidant en France, qui offre de se charger à lui seul de l'entretien d'un missionnaire, si la Société des Missions veut en envoyer un à ses frais; et une autre d'un pauvre ouvrier de l'Ariége qui a recueilli 20 francs pour la Société des Missions, en mettant chaque semaine de côté le prix d'une de ses journées de travail. Quand cet esprit deviendra plus général parmi nous, l'œuvre des Missions y prospérera plus qu'elle ne l'a fait encore, à la gloire de Dieu et pour le salut de millions d'âmes.

Ayant eu l'honneur d'être invité à assister, à Boston, à l'une des séances du Conseil américain pour les Missions étrangères, j'y ai trouvé, outre les trois secrétaires du Conseil, une douzaine de laïques profondément versés dans la connaissance de chacune des Missions entreprises. par cette Société dans les quatre parties du monde, et discutant toutes les questions qui leur étaient soumises en hommes qui en avaient fait une étude spéciale. Dans le cours de cette séance, l'un des secrétaires fit lecture d'une lettre adressée au Conseil par les Églises indigènes des îles Sandwich. Ces Églises, qui aujourd'hui entretiennent elles-mêmes leurs missionnaires, et ne reçoivent plus aucun secours de la Société des Missions de Boston, qui les a fondées, annonçaient qu'à la suite d'une visite que venait de leur faire un chef des îles Marquises, elles avaient pris la résolution d'envoyer dans ces dernières îles quatre missionnaires indigènes, membres de leurs Églises, préparés dans leurs propres séminaires, et sur un vaisseau équipé à leurs frais. Quel magnifique résultat de l'œuvre des Missions dans des îles qui, il y a trente ans environ, étaient encore païennes et cannibales, et quel encouragement pour nous, chrétiens protestants français, à poursuivre avec persévérance et dans un esprit de prière, l'œuvre commencée par nous dans une autre partie du monde !

II

LES ÉCOLES ET LES COLLÉGES.

Le Massachusetts est probablement, de tous
les États de l'Union américaine, le plus éclairé
et le plus influent. Aussi les perfectionnements
qui y sont apportés dans les méthodes d'enseignement public sont-ils généralement adoptés
ou imités dans les autres États. C'est que cette
partie du nord de l'Amérique est une de celles
dont la colonisation est la plus ancienne, et
celle en même temps où l'influence du christianisme évangélique s'est fait le plus profondément sentir. Ses premiers colons furent des puritains échappés aux persécutions religieuses de

la Grande-Bretagne. Au mois de décembre de l'année 1620, une mauvaise barque (1), achetée et frêtée dans le petit port de Delft, en Hollande, abordait au pied d'un rocher, à quelques milles du lieu où se trouve aujourd'hui la ville de Boston, et versait, au milieu de l'hiver, sur un sol alors inculte et en présence des Indiens, qui leur en disputaient la prise de possession, trois cents réfugiés anglais, hommes, femmes et enfants. Ces chrétiens persécutés, qui avaient mis six mois d'une navigation pleine de périls à franchir cet Océan que l'on traverse aujourd'hui facilement en moins de quinze jours, arrivaient avec la Bible dans leurs mains, la foi et un ardent amour de la liberté dans le cœur. Aussi, après avoir rendu grâce à Dieu de leur délivrance et pourvu à la sécurité de leurs femmes et de leurs enfants, leur première pensée fut-elle de bâtir la maison du Seigneur et la maison de l'enfance, l'église et l'école.

La bénédiction des pères a reposé sur les enfants. Au bout de deux siècles, sur toute l'éten-

---

(1) Le *Mayflower* (la Fleur de mai).

due du pays que ces hommes, élevés à l'école de la Bible, ont fécondé de leurs sueurs et de leurs épreuves, on trouve, avec les mœurs les plus sévères, le respect et l'amour de la Parole de Dieu et l'observation stricte du jour du dimanche.

Voici comment les premiers colons de la Nouvelle-Angleterre (1), ou les pères pélerins (*pilgrim-fathers*), comme on les appelle aujourd'hui avec vénération dans tout le pays, rendaient compte de leurs débuts dans leur nouvelle patrie : « Quand Dieu nous eut conduits sains et saufs dans la Nouvelle-Angleterre, après que nous eûmes construit nos maisons, pourvu aux nécessités de la vie et préparé des lieux convenables pour le culte du Seigneur, l'un des premiers objets de notre sollicitude fut de chercher

---

(1) La Nouvelle-Angleterre comprend la plupart des États du nord-est. Ces États, dont le Massachusetts, avec sa capitale Boston, forme le centre, ont été le premier noyau et comme le cœur de l'Union américaine. C'est à Bunker-Hill, aux portes de Boston, qu'a été livrée la première bataille de l'Indépendance, et c'est sous un orme, que l'on montre encore aujourd'hui au centre de Cambridge, que Washington est venu prendre le commandement de l'armée confédérée. La ville de Cambridge n'est elle-même qu'un faubourg de Boston.

les moyens d'avancer l'instruction et de la lé-
guer à nos enfants après nous, ne voulant pas
laisser à nos Églises un ministère sans science
(*illiterate*), pour l'époque où nos pasteurs actuels
reposeraient dans la poudre (1). » En consé-
quence, dès l'année 1636, la *Cour générale* accor-
dait 400 livres sterling (10,000 fr.) pour la fondation d'une école ou d'un collége, et en 1638, John
Harvard, l'un des premiers colons, quittait ce
monde, laissant par testament un legs de 700 livres sterling (17,500 fr.) et sa bibliothèque tout
entière en faveur de l'établissement ci-dessus.
Telle a été la première origine de l'université de
Cambridge, la plus considérable et la plus dis-
tinguée des États-Unis, sous le rapport de l'instruction, et qui aujourd'hui encore, en mémoire
de son premier fondateur, s'appelle le collége
d'Harvard (*Harvard's college*).

Nous aurons à parler tout-à-l'heure de cette
institution, que nous avons eu l'occasion d'apprendre à connaître pendant un séjour de six
semaines que nous avons fait à Cambridge. Mais

(1) *New-England's First fruits.* London, 1643, p. 12.

auparavant nous désirons dire un mot des écoles primaires de l'Etat de Massachusetts.

En Amérique, comme on sait, le gouvernement ne se mêle ni de l'entretien, ni de la direction des Églises, des universités et des facultés de théologie; ce soin est laissé entièrement et exclusivement au zèle des particuliers. Mais, d'un autre côté, l'administration s'occupe beaucoup et avec un grand succès de l'instruction primaire, qu'elle ne croit pas devoir abandonner à la bonne volonté des citoyens. Chaque commune est obligée de s'imposer des sacrifices et de recueillir des contributions pour fonder et soutenir une école. Il n'y a pas de village, quelque petit qu'il soit, qui n'ait son instituteur ou son institutrice. Une commission d'éducation, composée des hommes les plus éminents, choisis dans toutes les dénominations religieuses, est chargée de la surveillance générale de ces écoles. Elle prépare les instituteurs et les institutrices, les présente aux communes et s'assure que les comités locaux remplissent leurs devoirs à l'égard de leurs écoles respectives. Personne n'est obligé d'envoyer ses enfants à l'école; mais telle est la puissance de l'opinion, qu'un père ou une mère qui négligeraient de profiter de l'école pour leurs enfants, seraient l'objet de l'animadversion publique. Tout citoyen des États-Unis doit savoir au moins lire et écrire.

Les salles d'asile, les écoles d'enfants (*infant schools*), sont très nombreuses en Amérique. En outre, il y a des écoles gratuites à trois degrés : l'école primaire proprement dite, ou école de grammaire ; l'école secondaire et l'école supérieure (*high-school*). Au sortir de l'école supérieure, un jeune homme possède toutes les connaissances qui lui sont nécessaires, excepté celles qui sont exigées pour entrer dans les écoles de théologie, de droit et de médecine ; et sans avoir reçu d'autre enseignement que celui de l'école du troisième degré, une jeune fille peut se trouver aussi instruite que celle qui, en France, aurait passé quelques années dans un de nos meilleurs pensionnats.

S'il est intelligent, actif et studieux, l'instituteur ou l'institutrice de l'école du degré inférieur peut s'élever peu à peu à l'école du degré supérieur, et passer successivement d'un traitement de 300 dollars (1,500 fr.) à un traitement de 1,500 dollars (7,500 fr.).

Il n'y a pas moins de 3,000 maîtres d'école dans le Massachusetts.

Pour nourrir l'esprit de leur vocation dans ces hommes chargés de l'instruction de la jeunesse, et en même temps pour les tenir au courant des progrès de la science, la commission d'éducation du Massachusetts a fondé, il y a quelques années, les *Instituts de régents* (teacher's Institutes), dont il y a maintenant vingt en exercice dans le pays. Voici ce que l'on entend par ces Instituts de régents. Une fois par an et à un jour donné, trente, quarante, soixante instituteurs, compris dans le rayon d'une certaine circonscription territoriale, sont invités à se rendre dans une ville centrale qui leur est désignée et à y passer huit jours. Là, ils trouvent le secrétaire au département de l'instruction publique, avec sept ou huit professeurs des plus éminents dans chacune des branches qu'ils sont appelés à enseigner (1). Pendant ces huit jours, du matin

____

(1) Parmi eux nous nommerons MM. L. Agassiz et A. Guyot ci-devant professeurs à l'académie de Neuchâtel, en Suisse.

jusqu'au soir, les maîtres d'école assistent à des leçons *(lectures)* sur l'histoire naturelle, la géographie physique, l'histoire profane, les mathématiques, l'improvisation, la récitation, etc. Ils sont loin de trouver fatigantes des journées ainsi remplies, car je tiens de l'un de leurs professeurs, qu'après avoir achevé les six ou sept leçons qu'il devait leur donner, il a dû souvent, pour satisfaire à leurs vives instances, en ajouter par supplément deux ou trois autres. Ainsi encouragés dans leur carrière et fortifiés dans leurs études, ces jeunes hommes s'en retournent, avec une nouvelle ardeur, reprendre la direction de leurs écoles respectives.

Dans toutes les écoles, la Bible est lue et enseignée sans distinction des différences propres aux diverses communions religieuses. Il est d'autant plus facile de s'entendre sur la nature de cet enseignement, que toutes les Églises, aux États-Unis, sont *orthodoxes* et, à l'exception d'un petit nombre de congrégations *unitaires*, ne diffèrent que sur quelques points secondaires et quelques pratiques. L'enseignement religieux *spécial* est réservé pour l'école du dimanche, qui se tient dans l'Église à laquelle appartiennent les parents de l'enfant. On ne trouverait pas facilement aux États-Unis, une seule Église qui n'eût son école du dimanche dirigée par des laïques pieux. Ces laïques, instruits et pleins de zèle, et dont il y a toujours plusieurs dans chaque Église, sont tellement versés dans la science de l'histoire sainte, des dogmes et de la morale du christianisme, qu'un professeur suisse, fixé dans une petite ville de l'État de New-York, nous disait, en parlant de l'enseignement qu'ils donnent : « Je vous assure que je refais ici mon instruction religieuse en préparant mes enfants pour l'école du dimanche ; » et il ajoutait : « Je ne suis pas certain qu'il n'y ait pas, dans nos écoles du dimanche, en Amérique, plus d'un enfant qui ne connaisse mieux sa Bible que tel de nos pasteurs en Europe. »

Nous tenons la plupart des informations ci-dessus de la bouche du docteur Sears, secrétaire de la commission d'éducation de l'État de Massachusetts, qui nous les a données à bord de l'*Empire State*, magnifique bateau à vapeur où nous avons eu le bonheur de le rencontrer en nous rendant de Boston à New-York.

Des écoles primaires nous passons aux colléges. Tous les colléges, aux États-Unis, sont
établis d'après le même plan et se composent de
quatre classes : les *freshmen,* nouveaux-venus ou
novices; les *sophomore* (mot bizarre composé
d'un mot grec, *sophos,* sage, et d'un mot anglais, *more,* plus), ou plus sages; les *junior* et
les *senior.* Ces dénominations, assez singulières
pour désigner les différentes classes du collége,
nes ont pas employées par les étudiants seulement,
mais encore par l'administration, qui s'en sert
dans ses catalogues et dans ses publications (*c*).
Les jeunes gens qui fréquentent le collége sont
logés et nourris, moyennant une pension de huit
cents francs à mille francs, dans les bâtiments
appartenant à l'université, et soumis à une discipline sévère pour le lever, le coucher et les
heures de sortie. Ils doivent, en outre, assister
régulièrement aux exercices de dévotion du matin et du soir qui ont lieu dans la chapelle, et
qui se composent de la lecture d'un chapitre de

(*c*) Voir l'Appendice à la fin du volume.

la Parole de Dieu et de la prière, ainsi qu'aux divers exercices publics du dimanche et de la semaine. Ceux d'entre eux qui obtiennent la permission de loger en ville ne le peuvent faire que dans des maisons approuvées par l'université et soumises, elles aussi, à une sorte de discipline en ce qui concerne les élèves.

Chaque année, à la fin de l'exercice, la classe des *senior* est *graduée*, c'est-à-dire que les jeunes gens qui la composent reçoivent un diplôme qui tient le milieu entre notre diplôme de bachelier ès-lettres et celui de bachelier ès-sciences. La séance où le degré de bachelier leur est conféré, et qui est publique, a toujours lieu dans une église et s'ouvre invariablement par la prière. Cette cérémonie attire un très grand concours d'auditeurs, non seulement parmi les parents des jeunes gradués, mais encore parmi les citoyens de la ville et des environs. Le gouverneur de l'Etat ne manque pas d'y assister avec son état-major.

Avant de recevoir leur diplôme, les bacheliers sont appelés à faire un discours en public. Ces discours sont ou en prose ou en vers, quelques-uns en latin, d'autres même en grec (1). Le public, en Amérique, n'accorde guère sa confiance à une institution quelconque qu'autant qu'elle se soumet à son contrôle ; il reconnaît volontiers aux professeurs le droit et la capacité de juger du mérite de ceux à qui doivent être conférés les honneurs académiques, mais il aime assez à constater par lui-même que ces honneurs ont été accordés au vrai mérite. Si la classe des *senior* qui doit être graduée se compose de quarante-huit étudiants, comme c'était le cas, le 20 juillet dernier, à Cambridge, c'est autant de discours que la foule qui se presse dans l'église est décidée à entendre, sauf quelques-uns dont on lui fait grâce, soit pour cause d'absence, soit pour cause de maladie des bacheliers. Tous les discours sont écrits, appris par cœur et *récités*. La robe et le bonnet académiques sont de rigueur pour les prononcer devant le fauteuil du président entouré d'une cinquan-

(1) Ceci ne doit pas surprendre, car à Cambridge et dans d'autres Universités américaines les étudiants sont exercés à composer en grec. Ils apprennent aussi par cœur et jouent même des pièces du théâtre grec dans la langue originale.

taîne de professeurs de l'université et de nota-
bilités du pays.

Nos lecteurs ne seront peut-être pas fâchés
de trouver ici les sujets de quelques-uns de ces
discours choisis dans les quatre douzaines de
ceux que nous avons entendus :

*Les Auteurs dramatiques anglais avant
Shakespeare. — Charles V dans la solitude.
— La Bibliomanie. — La Langue envisagée
comme expression du caractère national. —
Rapports des mathématiques avec la science
moderne. — La Langue latine au moyen âge.
— Jeanne d'Arc (poëme). — La Science stra-
tégique des Athéniens (en grec). — L'Amitié de
Voltaire et de Frédéric. — Thomas à Kempis.
— De Cultu et humanitate Byzantiorum (en
latin). — Les Monuments anciens de la vallée
du Mississipi. — L'Influence des causes physi-
ques sur les facultés intellectuelles.*

Plusieurs choses nous ont frappé dans ces
exercices littéraires : et d'abord l'aplomb avec
lequel tous ces mémoires, ces dissertations, ces
essais, ces poëmes ont été récités, et la facilité
d'élocution qu'ils supposent chez leurs auteurs,

exercés de bonne heure à parler en public. Ce serait peu de dire que la mémoire d'aucun de ces orateurs n'a failli : tous ont parlé avec une parfaite aisance, quoiqu'en présence de deux mille auditeurs au moins. Le caractère de ces compositions nous a ensuite singulièrement intéressé ; les unes étaient sans doute plus remarquables que les autres, mais toutes avaient un mérite réel ; aucune ne nous a choqué par des idées excentriques ou ennuyé par des idées vulgaires ; tout y était clairement écrit et bien pensé. Enfin, chez tous ces jeunes gens, nous avons remarqué, avec une satisfaction singulière, un respect si profond pour la religion, que pas un d'eux n'a avancé une proposition ou un mot qui eût pu blesser la conscience religieuse même la plus délicate. Le public intelligent et attentif qui assistait à cette solennité littéraire a prouvé, par les applaudissements avec lesquels il n'a pas manqué d'accueillir ou une belle pensée ou un trait d'esprit, qu'il était digne d'y assister. A ce sujet, nous ajouterons que les Américains aiment assez le mot pour rire. Le jour où la classe des *senior* est congédiée, et qui précède de quelques jours celui où les diplômes sont distribués, les deux premiers élèves prononcent des discours qu'ils ne se font pas scrupule de semer de plaisanteries quelquefois très fines sur l'université, les études et la vie de collége. C'est admis; personne ne s'en scandalise, pas même les professeurs, qui sont au nombre des auditeurs. Ce sont là les saturnales de l'université.

L'année scolaire, pour *l'Ecole de droit*, se termine par des exercices très utiles, où les étudiants les plus avancés accomplissent tous les actes et suivent toutes les formalités qui ont lieu, à l'occasion d'un procès, dans une cour de justice. On appelle ces débats publics *moot court*. On choisit ordinairement, pour sujet de ces tournois judiciaires, l'une des causes les plus importantes ou les plus compliquées qui aient été jugées dans le courant de l'année devant les tribunaux du pays. Sous la présidence d'un professeur de droit, une des grandes salles de l'université est momentanément convertie en salle de jury. Des juges sont nommés; deux avocats sont choisis pour représenter la partie civile, et deux autres pour défendre l'accusé; le secrétaire, le greffier, l'huissier sont à leur place et jouent parfaitement leur rôle : tous sont des étudiants. Le procès commence et s'achève selon les règles établies et avec la plus grande solennité. Non seulement les étudiants, mais encore le public, qui est très friand de ces sortes de disputes, sont admis à l'audience. L'examen d'une seule de ces causes dure quelquefois trois jours. Ça été le cas de celui auquel nous avons assisté. Il s'agissait de savoir si un marchand de Boston, qui avait fait assurer son magasin par une compagnie d'assurances, y avait mis le feu lui-même, pour jouir du bénéfice de l'indemnité, dont le chiffre devait dépasser la valeur réelle des marchandises garanties. Deux tribunaux avaient déjà examiné l'affaire sans oser prononcer de *verdict*. C'est cette question que les étudiants de Cambridge avaient reprise en sous-œuvre. On n'imagine pas la finesse d'esprit, la sagacité, la force de raisonnement, la promptitude de répartie, en même temps que l'aplomb, l'aisance, la connaissance des lois du pays dont font preuve en des occasions semblables des jeunes gens de vingt à vingt-deux ans. La vie publique et la sympathie pour les intérêts de la patrie, auxquelles sont initiés de bonne heure les Américains, contribuent pour beaucoup à leur donner cette entente des affaires et cette facilité étonnante d'élocution que nous avons remarquées chez des. jeunes hommes qui n'ont pas encore quitté l'université.

Nous étions allé aux États-Unis avec quelques préjugés. L'un de ces préjugés, que nous partagions sans doute avec quelques-uns de nos compatriotes, consistait dans l'opinion que nous nous faisions des Américains sous le rapport des lettres. Nous étions disposé à croire que les Américains, peuple essentiellement industriel et commerçant, faisaient peu de cas de la littérature et des sciences, et qu'à quelques exceptions près, ils concentraient leur activité et leur vie dans les chemins de fer, les bateaux à vapeur et le caoutchouc. Nous pensons différemment aujourd'hui. Le goût de l'instruction est très répandu aux États-Unis. Les colléges et les universités comptent dans leur sein des hommes du plus grand mérite. Nous y avons trouvé des mathématiciens, des astronomes, des géologues, des botanistes, des hellénistes, des historiens, des littérateurs qui ne seraient point déplacés en Europe. On y peut ouïr des discours d'une élocution facile et qui sont probablement aussi solidement pensés que beaucoup de ceux que l'on entend en France. Décidément, des assemblées comme plusieurs de celles auxquelles nous avons eu l'avantage d'assister, et qui durent quelquefois du matin jusqu'au soir, ne toléreraient pas, comme on le fait ailleurs, des phrases longuement élaborées et artistement arrangées pour cacher le vide des pensées ou l'absence des sentiments.

Ces réflexions nous sont venues, non seulement aux exercices de fin d'année de l'université de Cambridge, mais encore aux séances annuelles de quelques Sociétés littéraires qui s'y rattachent, et qui choisissent cette époque de l'année pour se réunir et pour entendre quelques-uns de leurs orateurs. Ainsi, dans l'assemblée publique de la Société qui porte le nom de *Phi, Béta, Kappa* (1), et qui compte des

(1) L'épigraphe de cette Société est en grec : Φιλοσοφία Βίκ Κυβερνήτης (*la philosophie est le guide de la vie*); de là son titre pris des initiales de ces trois mots.

milliers de membres dans toute l'étendue des États-Unis, nous avons entendu un poëme hors ligne composé et récité par le commis d'une maison de commerce de Boston. Cette composition a enlevé tous les suffrages de la nombreuse assemblée qui remplissait l'église.

Un autre orateur, dans un discours qui a duré une bonne heure et demie, a réfuté l'objection que l'on fait aux Américains de n'avoir pas encore une littérature très riche. Il a demandé s'il était juste d'exiger d'un peuple qui ne fait que de naître autant de chefs-d'œuvre qu'en ont produit des nations vieilles de plusieurs siècles; et il a montré ensuite que les citoyens des États-Unis possèdent, dans l'étendue immense de la contrée qu'ils habitent, dans les merveilles de la nature qu'ils ont sous les yeux, dans l'esprit entreprenant qui les caractérise, dans les transformations prodigieuses qu'ils voient s'opérer autour d'eux, dans leur patriotisme et surtout dans leurs sentiments religieux, tout ce qu'il fallait pour créer dans l'avenir, avec un nouveau monde, une féconde et puissante littérature. L'ouvrage récent de Mme Beecher Stowe, dont l'étonnante popularité n'a peut-être été égalée par aucun autre, semblerait montrer à lui seul, sans parler d'autres ouvrages antérieurs, que l'orateur américain ne s'est pas trompé dans ses espérances.

Quoique l'objet de cette séance fût purement littéraire, la prière l'avait consacré. Il en est de même dans les repas qui suivent d'ordinaire ces solennités. La prière, non de pure forme, mais spéciale et développée, est toujours faite par un pasteur avant de se mettre à table, et le chant d'un psaume ou d'un cantique est toujours entonné avant que l'assemblée se retire. Cependant ces repas universitaires, qui réunissent cinq ou six cents personnes, se composent d'hommes appartenant à toutes les classes et à toutes les professions ; mais le sentiment religieux est si général en Amérique, que, pour y satisfaire, la prière, les louanges du Seigneur et la Parole de Dieu doivent se retrouver partout et toujours. Il faut entendre avec quel entrain les vieilles mélodies puritaines sont entonnées par des multitudes recueillies et respectueuses, dont l'ardeur est d'autant moins suspecte que les repas dont nous venons de parler sont très simples, et qu'en fait de liqueurs fermentées on n'y boit que de l'eau à la glace. Nos lecteurs savent sans doute qu'une loi de l'État de Massachusetts, adoptée dans plusieurs autres Etats, interdit la vente publique de l'eau-de-vie, du vin et même de la bière. Cela n'empêche pas que, dans les banquets dont je viens de parler et où personne ne songe à enfreindre la loi du pays, des discours pleins d'à-propos ne se succèdent avec une verve intarissable pendant cinq et six heures de suite.

Je ne puis ici passer sous silence un trait de mœurs qui m'a paru assez caractéristique pour être relevé. C'était au banquet qui suivit la distribution publique des diplômes. Le président de l'université, Dr Walker, avait à sa droite le gouverneur de l'Etat de Massachusetts, le très illustre Jean-Henri Clifford, L. L. D. Pendant le repas, un ami, qui était assis près de moi, me dit à voix basse et en se penchant de mon côté : « Voyez-vous ce personnage qui est à la droite du gouverneur ? » — « Eh bien ? » — « C'est le bourreau. » — « Le bourreau !

repris-je avec émotion. » — « N'en soyez pas étonné, continua mon ami ; ce fonctionnaire est le représentant du pouvoir judiciaire, comme le gouverneur est le représentant du pouvoir administratif ; de là l'épée qu'il porte et que lui seul a le droit de porter en public. Dans toutes les cérémonies, il se trouve *officiellement* à côté du gouverneur. Au reste, s'empressa d'ajouter mon ami, le *sheriff* (car c'est de lui qu'il s'agit ici) ne remplit point aux Etats-Unis les mêmes fonctions que l'exécuteur des hautes-œuvres en Europe. Dans une exécution capitale, quand tous les préparatifs du supplice sont faits par des agents subalternes, le sheriff paraît sur l'échafaud, et prononce avec solennité les mots suivants : *Au nom de la loi, je mets à mort N......, reconnu coupable de......,* etc. Puis il presse du bout du pied un ressort qui fait faire la bascule à une trappe placée sous les pieds du condamné. Le malheureux, précipité ainsi de plusieurs pieds de hauteur, avec une corde au cou, se trouve suspendu et meurt par strangulation. Ce bouton touché ou ce ressort pressé, c'est le pouvoir sur la vie de l'homme. Or, dans ce pays, l'homme à qui la loi donne cette puissance sur la vie de ses semblables, est une sorte de magistrat, que l'opinion publique revêt d'un caractère sacré en quelque sorte (1). »

Je ne juge pas l'usage dont je viens de parler ; je ne fais que rapporter ce qui m'a été dit à ce sujet.

Je viens d'écrire le mot de *loi*. Ce mot a un effet presque magique aux États-Unis. Tout ce qui tient à la constitution et aux lois du pays est sacré aux yeux des Américains. C'est ce qui explique pourquoi, sur toute l'étendue d'une contrée qui égale en surface celle de l'Europe entière, il n'y a presque pas d'armée, et l'on trouve à peine une police pour maintenir la tranquillité publique. L'armée des Etats-Unis se compose de 15,000 hommes échelonnés sur les frontières des Etats de l'ouest, où se trouvent encore des tribus d'Indiens. On ne voit pas un soldat dans les grandes villes comme New-York, Boston, Philadelphie, Baltimore, etc. L'ordre et la paix

(1) Aux États-Unis, les exécutions ne se font point en public ; elles ont lieu dans l'intérieur de la prison, en présence d'un petit nombre de personnes déléguées comme témoins.

du pays y sont placés sous la sauvegarde des citoyens. Et ceci me rappelle un mot qui m'a été dit par le directeur de l'éducation publique de l'Etat de Rhode-Island, pédagogue chrétien éminent dans le genre du docteur Sears pour le Massachusetts : « Dans notre système d'instruc- « tion, nous visons à élever les enfants de telle « sorte, que quand ils seront devenus hommes, « *ils se servent de loi à eux-mêmes.* » C'est ce que les Américains appellent pour l'individu le *self-controll*, c'est-à-dire la direction de l'individu par l'individu, comme ils appellent le gouvernement de leur pays le *self-government*, c'est-à-dire le gouvernement du pays par le pays.

Nous nous permettrons de demander ici : Qu'est-ce qui forme de tels peuples et de telles mœurs? Est-ce le catholicisme romain de l'Italie, de l'Espagne et des misérables Etats de l'Amérique du Sud? ou bien le rationalisme de l'Allemagne avec les socialistes qu'il a engendrés et dont il a semé l'Europe? ou bien encore le latitudinarisme français avec l'absence ou la stérilité de ses œuvres? N'est-ce pas plutôt la foi évangélique que les Américains des Etats-Unis, comme les Anglais de la Grande-Bretagne, ont puisée et puisent encore dans la Parole de Dieu, et qui est à la fois le secret et la sauvegarde de leur prospérité nationale et sociale, comme les uns et les autres se plaisent à le reconnaître hautement.

III

LES FACULTÉS DE THÉOLOGIE.

Nos lecteurs n'ignorent pas que le protestantisme aux États-Unis comprend plusieurs dénominations religieuses, Les principales sont les *presbytériens*, les *épiscopaux*, les *congrégationalistes*, l'*Église réformée hollandaise*, les *méthodistes wesleyens*, les *baptistes* et quelques *Églises unitaires*. Toutes ces Églises ont leurs écoles de théologie, où elles préparent elles-mêmes les pasteurs qui doivent les desservir. Ainsi Princeton, dans l'État de New-Jersey, est une école de théologie dirigée par des presbytériens de l'ancienne école (*d*); Auburn, dans l'État de New-York, est une institution qui forme des pasteurs presbytériens de la nouvelle école; Rochester, sur les bords du lac Ontario, est une faculté de théologie de l'Eglise baptiste; Andover, dans le Massachusetts, appartient aux Églises congrégationalistes; Middletown, dans le Connecticut, aux méthodistes wesleyens, et ainsi du reste. Il y a une cinquantaine de séminaires théologiques de cette nature aux États-Unis, c'est-à-dire que les grandes communions religieuses telles que les presbytériens des deux écoles, les congrégationalistes et les baptistes, en ont chacune cinq, six et même huit, répartis dans toute l'étendue du pays.

Il est à remarquer que, dans ce grand nombre de facultés de théologie, une seule est *unitaire*, celle de Cambridge; toutes les autres sont *orthodoxes*. Et encore est-il bon d'ajouter que si l'école de Cambridge est unitaire aujourd'hui, c'est par déviation de son origine première. Car, ainsi que nous l'avons dit dans le

(*d*) Voir l'Appendice à la fin du volume.

chapitre précédent, elle a été fondée en 1638 par les puritains, qui l'avaient ouverte pour l'enseignement de la doctrine évangélique. Mais peu à peu l'unitarianisme, qui a pris naissance à Boston, a pénétré dans la direction de cette institution, maintenant placée sous une influence presque entièrement unitaire. Toutefois cet établissement est loin d'être en progrès; il offre même plus d'un signe de déclin. Ainsi, tandis que dans plusieurs des facultés de théologie orthodoxes, on compte 4 et 5 professeurs, et de 50 à 100 étudiants, il n'y a à Cambridge que 2 professeurs et 22 étudiants. Nous y avons nous-même assisté à une leçon de théologie, d'ailleurs excellente, *sur l'opinion que les pères de l'Église se sont faite de la prédication*, et qui n'était suivie que par *deux* étudiants, dont le second avait eu bien de la peine à arriver, puisque son condisciple avait été obligé d'aller le chercher dans sa chambre.

Les unitaires sont donc, aux États-Unis, dans une très petite minorité; car ils n'ont qu'une faculté de théologie qui n'est pas de leur propre création, et ils ne comptent que quelques rares

Églises à Cambridge, à Boston et dans une ou deux autres villes de l'Union.

Ajoutons que le principe de négation renfermé dans l'unitarianisme n'est pas plus fécond aux États-Unis que sur le continent européen. Les unitaires américains, en effet, ne possèdent ni Société des Missions évangéliques chez les peuples païens, ni Société d'évangélisation à l'intérieur, ni Société des traités religieux, ni autres institutions de cette nature ; toutes ces œuvres sont le fruit du zèle des chrétiens évangéliques, et ils s'en abstiennent. Ils ne s'intéressent même que faiblement aux travaux de la Société biblique, qui ne leur doit point son existence et à laquelle ils n'accordent, si toutefois ils lui en accordent, que de faibles subventions.

Puis donc que les unitaires existent à peine, comme Église aux États-Unis (1), nous parle-

(1) On comprendra sans peine qu'en parlant comme nous l'avons fait, nous avons voulu simplement apprécier l'état des choses, sans songer à juger les personnes. S'il avait pu être question des personnes, en un sujet si grave, nous aurions reconnu avec empressement que nous avons reçu de tous les professeurs de Cambridge indistinctement l'accueil le plus bienveillant et le plus honorable. Le président actuel de l'université, docteur Walker, et son prédécesseur, docteur Sparks, ont été pour nous d'une

rons des facultés de théologie orthodoxes. Commençons par jeter un coup d'œil général sur leur aspect extérieur ou matériel.

Voici, en général, le plan d'après lequel sont disposées les diverses constructions des universités et des facultés de théologie américaines. Au centre, s'élève un grand corps de bâtiment, d'un style simple et grave, avec horloge et clocher. C'est là que se trouvent la chapelle, la bibliothèque, le salon de lecture, les lieux de séance du comité de direction et les salles pour les cours des professeurs. A droite et à gauche de ce bâtiment central sont placés en demi-cercle ou sur une ligne droite, les corps de logis destinés aux étudiants ; le tout entouré de ce

grande bonté. Nous gardons également un souvenir plein de reconnaissance de M. le docteur Francis, l'un des deux professeurs de l'école de théologie. Sans parler de beaucoup d'autres preuves de bienveillance dont nous lui sommes redevable, il nous a fait voir, dans la bibliothèque de l'école de théologie de Cambridge, une vieille Bible de Desmarests, qui a appartenu à l'Église française du refuge, à Boston, et qui a été donnée aux réfugiés par la reine Anne ; il nous a fait présent de deux sermons manuscrits du dernier pasteur de cette Église, M. Lemercier, et nous a communiqué, sur les huguenots émigrés aux États-Unis, des détails nouveaux que nous nous proposons de publier plus tard.

charmant ombrage de l'orme américain, qui donne à la campagne une physionomie qui n'appartient qu'à ce pays.

Toutes ces constructions sont bâties et réparées, toutes ces bibliothèques sont fondées et entretenues, tous les traitements des professeurs et des divers employés sont servis au moyen de dons, de legs et de contributions des particuliers. Il y a ainsi aux États-Unis, 50 facultés de théologie et un nombre double de colléges et d'universités qui subsistent et florissent au moyen de contributions volontaires. Le chiffre moyen des salaires des professeurs est de 7,500 fr. Un président de séminaire touche un traitement de 10 à 15,000 fr. Le président de l'université de Cambridge reçoit des honoraires de 25,000 fr. par an. Tout récemment, M. Abbott Lawrence, de Boston, descendant d'une famille de huguenots réfugiés (les Laurens), et ci-devant ambassadeur américain à Londres, a fait à l'université de Cambridge un don de 250,000 fr. pour augmenter le traitement de trois professeurs de l'école scientifique.

Quant aux facultés elles-mêmes, celles d'entre elles que nous avons visitées (et l'on nous a assuré que quand on en a vu trois ou quatre, l'on connaît à peu près toutes les autres), ont dépassé de beaucoup notre attente. Nous y avons rencontré des professeurs à la fois véritablement instruits et pieux. Plusieurs d'entre eux ont passé quelques années dans les universités allemandes, ou, sans avoir été en Allemagne, ils possèdent assez la langue de ce pays pour profiter des bons ouvrages publiés au-delà du Rhin. Dans les bibliothèques de ces universités, riches de 15 à 30,000 volumes, nous avons trouvé les meilleures publications de la théologie allemande; et dans les salons de lecture ouverts aux étudiants, les meilleurs journaux religieux et théologiques en différentes langues. En outre, dans presque tous ces séminaires, il y a une *Société* dite *de recherches*, dont l'objet est de s'enquérir des progrès de la religion et de la science dans les divers parties du monde.

Qu'il me soit permis de dire ici qu'il me paraît que nos frères américains savent mieux peut-être profiter que les Européens des découvertes scientifiques et des méthodes des théologiens allemands.

Les Anglais, de peur. de s'infecter aux sources germaniques, s'en tiennent soigneusement éloignés; aussi leur théologie est-elle à peu près stationnaire depuis trois siècles. Pour nous, Français, nous revenons en général de Berlin ou de Halle tellement dominés par les souvenirs des systèmes nouveaux que nous y avons appris à connaître, que nous ne savons pas toujours les *éprouver* pour n'en retenir que ce qui est bon ; et il nous suffit quelquefois d'avoir entendu les leçons d'un Néander ou d'un Tholuck pour nous persuader que, jusqu'à ce jour, la vraie doctrine chrétiennne n'a pas été bien comprise parmi nous, et que, pour hâter le développement de la vie religieuse au sein de nos troupeaux, le meilleur moyen est de modifier la foi qui a créé nos Eglises et pour laquelle nos pères ont souffert le martyre.

Les théologiens américains ne font point ainsi :. ils vont en Allemagne très calmes, et ils en reviennent parfaitement sobres. L'éducation chrétienne qu'ils ont reçue dans la famille, l'instruction chrétienne qu'ils ont puisée à l'école du dimanche et dans l'Église, l'atmosphère chrétienne qu'ils ont respirée dans un pays où la vie et l'activité religieuse sont abondantes et incessantes, les ont tellement imprégnés et saturés de sel évangélique, qu'ils ne sont pas plus accessibles aux influences d'un rationalisme mitigé ou subtil qu'à celles d'un rationalisme grossier. Leur tact et leur discernement spirituels, exercés de bonne heure dans l'expérience de la vie chrétienne, leur ont appris à s'approprier le bien et à rejeter le mal, quelque part qu'ils les trouvent.

Aussi je n'hésite pas à dire que le clergé formé par de tels professeurs est probablement l'un des meilleurs qui existent. Je voudrais dire plus encore, mais l'on me taxerait peut-être d'exagération. Les pasteurs avec qui j'ai eu l'avantage d'entrer en relation, surtout parmi les presbytériens et les congrégationalistes, que j'ai eu plus d'occasions de voir que ceux des autres dénominations, m'ont paru être des hommes de beaucoup de connaissances, d'une grande étendue dans l'esprit, d'une profonde piété et d'un sincère dévouement à leurs troupeaux. J'ai trouvé parmi eux, et en grand nombre, des prédicateurs très éloquents,

des docteurs d'une science de bon aloi, et des
pasteurs tout entiers consacrés à leur œuvre;
je n'ai pas rencontré une seule médiocrité, et
pourtant, pendant mon séjour en Amérique, j'ai
le plus souvent entendu trois sermons par dimanche; et, dans la semaine, j'ai saisi toutes les
occasions d'entrer en rapports avec des minis-
tres du saint Évangile ou des professeurs de
toutes les communions religieuses. Parmi eux,
je me plais à mentionner, pour l'éloquence, les
docteurs Adams et Potts, de New-York; pour
la prédication substantielle et édifiante, le docteur Pomroy, les révérends Stone et Blagden, de
Boston, et le docteur Albro, de Cambridge; et
pour l'enseignement approfondi, les docteurs
Cheever et Alexander, de New-York; le docteur Park, d'Andover, et le professeur Beecher
Stowe, dont la femme a acquis aujourd'hui un
nom européen, et que j'ai eu l'avantage d'entendre lui-même professer à la faculté d'Andover
et prêcher dans une église de Cambridge. Je ne
parle ici que des pasteurs et professeurs avec
qui j'ai eu des relations; mais je tiens à déclarer

que ces hommes éminents ont leurs pareils et en grand nombre dans tous les États de l'Union américaine.

Pour être reçu étudiant dans une faculté de théologie, il faut d'abord ou avoir été *gradué* dans un collége, ou subir devant les professeurs de l'école un examen équivalant à celui de la classe des *senior*, dont nous avons parlé ailleurs.

L'on est appelé en outre à présenter un certificat d'admission dans une Église. Ceci demande une explication. On ne devient membre d'une Église, en Amérique, ni par la naissance, ni par le baptême, ni par la réception des catéchumènes, qui n'existe pas, qui n'est pas même connue. A un âge quelconque, si l'on en éprouve le besoin, on sollicite le titre de membre d'une Église de son choix et d'accord avec ses convictions. A cet effet, on s'adresse au pasteur et aux anciens de cette Église, l'on fait devant eux une profession explicite de sa foi, et on leur fournit des garanties suffisantes de moralité et de conduite. Si cet examen a eu un résultat satisfaisant, vous êtes présenté à l'Église, et chaque membre, s'il a des raisons pour cela, peut s'opposer à votre admission, comme aussi l'appuyer. Quelques semaines après, si aucune opposition n'a été formée, il y a réception publique et définitive; cette réception est très solennelle. Après lui avoir rappelé les grands principes de la foi et les devoirs essentiels du chrétien, le pasteur exhorte le nouveau membre de l'Église à marcher d'une manière digne de sa vocation de fidèle et de sa qualité de membre de la communauté. J'ai vu moi-même dans ces sortes de cérémonies, des hommes à cheveux blancs et des femmes qui n'étaient pas de la première jeunesse.

Un certificat de membre de l'Église prouve donc que l'on est croyant, quant aux doctrines fondamentales du christianisme et quant aux doctrines spéciales de l'Église particulière où l'on a été reçu, et de plus que rien, ni dans le caractère, ni dans la vie, ne contredit la profession que l'on fait de l'Évangile.

En outre, le candidat qui se présente pour faire des études dans une faculté de théologie doit être muni d'attestations de pasteurs et de laïques pieux et connus, rendant témoignage à sa vocation et à ses capacités.

Ce qui vient d'être dit doit avoir fait comprendre que les étudiants en théologie, aux États-Unis, sont des jeunes gens qui ont des convictions chrétiennes arrêtées et fondées avant même que d'entreprendre les études nécessaires à leur carrière future.

Quoiqu'ils entrent aux académies dans ces heureuses dispositions, on voit de temps en temps s'opérer parmi eux, pendant la durée de leurs études, des réveils religieux dus, comme causes secondes, tantôt à une prédication impressive, tantôt à la mort pieuse d'un de leurs condisciples, ou à toute autre circonstance de cette nature. A la suite de ces réveils, il n'est pas rare que plusieurs étudiants, souvent une classe tout entière, se présentent à quelque Société de Missions, pour être, au terme de leurs études, envoyés, en qualité de prédicateurs de la bonne Nouvelle, dans quelque partie du champ des missions évangéliques chez les peuples païens.

On sort ordinairement du collége à vingt ou vingt et un ans; les études aux facultés de théologie durent trois ans. C'est donc à vingt-trois ou vingt-quatre ans qu'un étudiant reçoit son diplôme de candidat en théologie. Au bout de ces trois années, quand il quitte la faculté avec son diplôme, il n'est point apte encore à exercer immédiatement les fonctions de pasteur. Avant de pouvoir postuler une place de pasteur dans une Église quelconque, il est tenu à de nouveaux examens devant un évêque, s'il veut servir l'Église épiscopale; devant un presbytère, s'il est presbytérien ; devant une commission de pasteurs et d'anciens, s'il est disposé à exercer le ministère dans une Église baptiste, méthodiste, congrégationaliste ou autre. Il a fait des études à la faculté, c'est bien; mais l'Église qu'il aspire à servir veut s'assurer par elle-même et de ses principes, et de sa piété, et de ses connaissances; elle ne l'accepte et ne le salarie qu'à ce prix. Après que le candidat a subi cette seconde épreuve, il reçoit sa *licence*, c'est-à-dire qu'il a le droit de prêcher et qu'il peut se présenter, au bout d'un certain temps de noviciat, pour occuper un poste de pasteur en titre.

Quand on a quelque connaissance du personnel du clergé américain, on comprend l'état réjouissant des Eglises auxquelles il préside, et l'on s'explique facilement aussi la prospérité du pays lui-même, qui a le bonheur d'avoir de pareils pasteurs et de pareils troupeaux.

IV

LES ÉGLISES.

Nous avons déjà confessé que nous étions allé aux États-Unis avec quelques préjugés. L'un de ces préjugés portait sur l'insuffisance du système volontaire appliqué à l'entretien du culte. Nous doutions que, par ce moyen et par ce moyen seul, il pût être pourvu aux besoins religieux d'une population mixte de 22 millions d'âmes, éparse sur une si vaste étendue de pays. Nous devons à la vérité de reconnaître que nos vues se sont modifiées à cet égard. Sans vouloir affirmer que la libéralité des chrétiens américains, quelque grande qu'elle soit, réponde à toutes les

nécessités d'une population protestante aussi considérable, ce que nous pouvons affirmer, c'est
qu'elle y produit des effets admirables, étonnants.
Dans tous les États que nous avons parcourus,
nous avons trouvé des Églises, non seulement
dans les villes, mais encore dans les villages et
jusque dans les hameaux les plus reculés. Presque partout où l'on rencontre un certain nombre
d'habitations rapprochées les unes des autres,
même au milieu de campagnes et de forêts à
peine cultivées, on est à peu près sûr de voir
poindre le clocher d'une chapelle et se dessiner
les formes faciles à reconnaître d'une maison
d'école.

Toutes ces chapelles, même les plus rustiques,
sont bien bâties et d'un style tout-à-fait convenable. Dans les villes, les édifices consacrés au
culte sont vastes et le plus souvent splendides.
La chaire, en forme de tribune, avec le canapé
et les fauteuils en velours rouge qui la garnis-
sent, est en acajou massif. Le même bois ou le
bois de citronnier est également employé pour
l'ornement des bancs fermés, où l'on est assis
sur de bons coussins, avec tapis partout. Les

chapelles sont toutes éclairées au gaz et chauffées au moyen de calorifères. On les répare à peu près tous les deux ou trois ans, intérieurement et extérieurement; de sorte qu'elles ont toujours l'apparence de constructions de date récente.

Des sommes énormes sont consacrées par les Américains à la fondation de leurs églises. Celle du docteur Alexander, à New-York, a coûté 750,000 fr.; celle du docteur Cheever, à en juger d'après les apparences, ne doit pas avoir coûté beaucoup moins, si elle n'a pas coûté plus. La semaine où j'ai quitté New-York, le docteur Adams posait la première pierre d'une chapelle destinée à contenir 2,000 auditeurs et à remplacer l'ancienne, qui était devenue insuffisante. Comme il m'invitait à assister à cette cérémonie, je me permis de lui demander ce que coûterait cette nouvelle église : « Le devis de l'architecte, me répondit-il, est de 500,000 fr.; mais nous supposons que les frais dépasseront cette première estimation. » — « Et où trouvez-vous l'argent, ajoutai-je, pour des constructions aussi dispendieuses? » — « Parmi les membres de mon Église, répliqua le docteur Adams. Quelques semaines ont suffi pour recueillir les souscriptions. En Amérique, nous estimons que l'argent le mieux placé est celui qui est employé au service du Seigneur. »

Il y a ainsi à New-York seulement 46 Églises épiscopales, 44 presbytériennes, 42 méthodistes, 35 baptistes, 17 Églises réformées hollandaises, 9 congrégationalistes, 22 Églises catholiques et 2 Églises unitaires; en tout 217 Églises fondées et soutenues par le zèle des particuliers. Chaque année voit s'en accroître le nombre; moi-même j'en ai vu plusieurs en construction. On estime que le nombre total des Églises aux États-Unis est de 36,221, ce qui fait environ une Église pour 557 habitants libres.

Les chrétiens en Amérique tiennent en général à ne pas faire moins pour le traitement de leurs pasteurs que pour l'érection de leurs lieux de culte. Les honoraires des pasteurs, à Boston et à New-York, sont de 15, 20 et 25,000 fr. L'on m'a cité même un pasteur de l'Église épiscopale de New-York à qui son troupeau fait un traitement de 35,000 fr., non compris l'entretien d'un cheval, qu'il met à sa disposition, et

une rente fort belle qu'il a assurée à sa femme
au cas qu'il vienne à la laisser veuve. En outre,
quand ces pasteurs, d'ailleurs si bien rétribués,
se trouvent fatigués et ont besoin de repos, il
n'est pas rare de les voir venir passer six mois
et plus en Europe, et parcourir l'Angleterre, la
France, l'Italie, l'Allemagne, aux frais de leur
Église, qui non seulement leur paie les dépenses
de ce voyage, mais qui, de plus, pourvoit elle-
même à leur remplacement pendant toute la durée de leur absence. Ces cas-là sont fort com-
muns. D'après les informations que j'ai prises et
les observations que j'ai pu faire moi-même, j'ai
lieu de croire qu'il y a chaque année, sur le continent, une douzaine de pasteurs en congé qui
jouissent des avantages dont je viens de parler.
Si les Églises facilitent à leurs pasteurs qui ont
besoin de repos un voyage en Europe, à plus
forte raison leur viennent-elles en aide pour des
excursions sur l'un ou l'autre point des États-
Unis. Il n'y a presque pas de pasteur qui n'ob-
tienne chaque année un congé de six semaines à
deux mois, dans l'intérêt de sa santé et comme

diversion aux travaux multipliés de son ministère.

Mais il y a un revers à toutes les médailles;
et, pour ne point exagérer, je dois ajouter qu'il
est à croire que, dans les campagnes, les pasteurs sont loin d'être aussi bien traités que dans
les villes. L'on m'a dit, et je n'ai pas lieu de sus-
pecter l'exactitude de ces renseignements, que,
dans certains endroits, les pasteurs et leurs familles pâtissent, faute de ressources suffisantes
pour subsister, et que le peu que leur accordent
leurs ouailles n'est pas toujours donné avec la
plus exquise délicatesse.

Les sacrifices que s'imposent les membres des
Églises en Amérique sont très grands; mais ils
ont pour principe le plus puissant de tous les
mobiles, celui de la foi chrétienne. L'intérêt religieux est le grand intérêt des chrétiens aux
États-Unis; l'individu, la famille, n'hésitent presque jamais quand il s'agit de contribuer soit au
bien de l'Église à laquelle ils appartiennent, soit
à l'avancement du règne de Dieu en général.
L'un des anciens d'une Église presbytérienne de

New-York m'a assuré que l'Église à laquelle il appartient souscrit annuellement pour une soixantaine de mille francs à diverses Sociétés et institutions religieuses, sans parler de ses charges ordinaires pour l'entretien de son pasteur, de son temple et de son culte.

Nous ne voudrions pas toutefois que l'on se hâtât de conclure, des faits que nous venons de rapporter, que nous avons changé d'opinion sur l'application immédiate à nos Églises en France du système volontaire pratiqué aux États-Unis. Nous admirons les beaux résultats que ce principe a produits au delà de l'Atlantique, et nous avons dit nous-même à notre ami, le révérend docteur Baird, que, loin d'avoir peint avec de trop flatteuses couleurs le tableau de l'état de la religion aux États-Unis, il nous paraissait au contraire qu'il était plutôt resté au-dessous de la vérité qu'il ne l'avait dépassée (1). Mais il y a entre la France et les États-Unis d'Amérique des différences notables dont il faut savoir tenir compte, et que la plus logique ou la plus belle des théo-

______

(1) *La Religion aux États-Unis d'Amérique* ; par le docteur R. Baird. 2 vol.

ries ne saurait faire disparaître. La France est un pays catholique; les États-Unis sont un pays protestant. La religion catholique est salariée en France; aux États-Unis, aucune Église ne reçoit de salaire de l'État. En France, nous n'avons ni le zèle, ni le dévouement, ni peut-être le bien-être général qui rendent possible l'état de choses qui existe en Amérique; en Amérique, la connaissance de l'Évangile est généralement répandue, la vie chrétienne coule à pleins bords, et les habitudes qui rendent possible l'existence d'Églises non salariées par l'État ont été formées peu à peu, et ont pénétré dans les masses. Ayant eu souvent l'occasion de nous entretenir sur ce sujet avec des pasteurs et des laïques de différentes dénominations religieuses, nous ne les avons point trouvés intolérants sur la question du principe volontaire. Tous, sans exception, loin de faire un dogme du régime sous lequel ils vivent, sont convenus avec nous que l'introduction brusque en France du système des Églises non salariées par l'État serait une imprudence, et qu'il fallait attendre, pour le mettre en pratique : d'une part, les signes des temps, les directions de la Providence ; de l'autre, le réveil plus général et plus profond de la foi et de la charité dans les Églises.

Puisque nous avons commencé à faire nos confessions, nous irons jusqu'au bout. Nous avions cru, jusqu'à notre arrivée aux Etats-Unis, que la multiplicité des sectes dans ce pays devait y nuire beaucoup au progrès de l'amour fraternel. Nous ne pensons pas aujourd'hui que le nombre et la variété des Eglises soient un moyen efficace de développer, entre les chrétiens, le principe de la charité. Mais il ne nous en coûte pas d'avouer que nos frères américains ont combattu très efficacement les dangers de la diversité des communions ecclésiastiques. Autant que nous avons pu en juger, les Eglises évangéliques de toutes les · opinions vivent en paix et en bonne harmonie entre elles. Les pasteurs et les membres des communautés les plus divergentes au point de vue ecclésiastique s'aiment et s'estiment mutuellement, et je les ai entendus s'exprimer avec affection, avec estime sur le compte les uns des autres. Comme les assertions n'ont droit à être admises qu'à la condition d'être ap-

.puyées sur des faits, je me permettrai de citer ici un ou deux exemples à l'appui de ce que je viens de dire.

Dans une Eglise congrégationaliste de Boston, j'ai assisté à deux services divins, célébrés successivement à huit jours de distance : le premier, par un pasteur presbytérien de la nouvelle école ; le second, par un pasteur presbytérien de l'ancienne école, qui avaient voulu donner ainsi un témoignage de fraternité au pasteur de ce troupeau, qui voyageait en Europe pour cause de santé. Or, rien de plus opposé, quant au gouvernement de l'Eglise, que les principes des Eglises congrégationalistes ou indépendantes, et le principe des Eglises presbytériennes ou synodales (1).

Me trouvant à Boston un jour de réunion mensuelle de prières en faveur des Missions

(1) La différence entre les presbytériens de l'ancienne et de la nouvelle école n'est pas essentielle. Quant à la doctrine, les seconds accordent à la liberté humaine une plus large part que les premiers dans l'œuvre du salut, et, dans la pratique, ils sont d'avis que les œuvres chrétiennes et les Sociétés religieuses peuvent être entreprises et dirigées par des chrétiens sans se rattacher à l'Eglise, tandis que l'ancienne école soutient qu'elles doivent être fondées et administrées par l'Eglise elle-même.

évangéliques, je m'étais proposé d'assister au service des Missions célébré par le révérend Treat, l'un des secrétaires du *Conseil américain pour les Missions étrangères*, Société mixte soutenue surtout par les membres des Eglises congrégationalistes et presbytériennes. Quelques instants avant de me rendre à cette réunion, mon ami, M. Treat, chez qui j'avais reçu l'hospitalité, me tint ce langage : « Toute réflexion faite, je crois qu'il sera plus intéressant pour vous d'assister à une assemblée de la *Société des Missions baptistes* qu'à celle que je vais présider moi-même. La réunion où je comptais vous conduire est une réunion ordinaire ; dans celle de nos frères baptistes vous entendrez un missionnaire revenu de la côte occidentale d'Afrique, et qui est sur le point d'y retourner avec deux nouveaux collègues. Comme vous ne connaissez pas le chemin, ma femme vous accompagnera jusqu'à la porte de l'Eglise et viendra me rejoindre. Puis, mon service fini, nous irons vous prendre et nous retournerons ensemble à la maison. » La chose fut faite ainsi. Vers les neuf heures, le révérend Treat arriva selon sa promesse, prit place à côté de moi et assista à une bonne partie de la réunion, qui dura fort longtemps à cause du grand nombre d'orateurs qui y prirent la parole. Après la bénédiction, il s'approcha avec moi des deux secrétaires de la Société des Missions, des trois missionnaires et du pasteur de l'Eglise, tous baptistes, et leur tendit la main d'association. Il me fut facile de voir, à la manière dont il le fit, que la fraternité qui règne entre les diverses sections de l'Eglise de Christ, aux Etats-Unis, est réelle et non feinte.

Aussi, depuis ma visite aux États-Unis, je comprends mieux qu'auparavant pourquoi nos frères américains ont montré peu d'empressement à faire partie de l'Alliance évangélique : c'est qu'ils en ont la réalité. Il faut dire aussi que chez eux aucune Église n'étant privilégiée, et toutes étant placées sur le pied de la plus parfaite égalité devant la loi, la fraternité chrétienne y est probablement plus facile à pratiquer que sur le continent.

La sanctification publique du jour du Seigneur est singulièrement favorisée aux États-Unis par le repos et le calme qui y règnent dans ce saint jour.

Les Anglais passent pour de stricts observateurs du sabbat chrétien ; nous avons trouvé que les Américains les surpassent de beaucoup sous ce rapport. Le dimanche, l'on ne voit ni voitures, ni omnibus, ni équipages dans les rues ; toutes les boutiques sont fermées, tous les travaux sont suspendus. Quand je voulais passer le dimanche à Boston, il me fallait y aller coucher, de Cambridge, le samedi soir, car j'aurais trouvé difficilement le dimanche matin une voiture pour m'y conduire.

Il y a en général trois services par jour dans chaque église, sans compter l'école du dimanche. Quand vous entrez dans une chapelle américaine, de quelque dénomination qu'elle soit, vous y trouvez un auditoire de 500, 1,000, 1,500 et jusqu'à 2,000 personnes groupées par familles dans des bancs séparés et loués. A l'heure du service, tout le monde est présent ; on n'y voit pas, comme chez nous, de retardataires ou d'auditeurs qui ne viennent que pour entendre le sermon. Après que le service est commencé, personne n'entre. J'ai remarqué aussi qu'une fois à leur banc les fidèles ne se permettent pas de parler ; tous ont l'air grave et recueilli ; la plu-

part lisent leur Bible ou ont en mains leur livre
de cantiques; car, sur une étagère placée devant
lui, chaque membre de l'Église a sa petite bibliothèque religieuse pour l'usage du culte.

Au moment où le pasteur arrive, la congré-
gation entonne un cantique indiqué d'avance. Ces
cantiques, qui sont fort beaux pour le fond même
des choses et qui peuvent rivaliser, sous ce rapport, avec les cantiques allemands, sont exécutés très artistiquement et en parties par un chœur
de dames et de messieurs placé sur la galerie
devant l'orgue. Nous n'avons regretté qu'une
chose à ces chants d'ailleurs si excellents et qui
à eux seuls formaient pour nous une bonne partie de l'édification du culte, c'est qu'ils fussent
presque toujours exclusivement chantés par le
chœur et pas assez par l'assemblée, qui ne savait pas ou n'osait pas s'y associer.

Il n'y a pas de liturgie en Amérique, excepté dans l'Église épiscopale. Les prières sont
improvisées : elles sont ordinairement très dé-
taillées et fort longues. Aussi les écoute-t-on assis, afin, m'a-t-on dit, d'éviter les malaises qui
sont fréquents quand on se tient trop longtemps

immobile sur ses pieds. Tandis que l'on prie assis, l'assemblée, par un contraste assez frappant, se lève presque toujours et demeure debout pendant le chant des cantiques. Les prières des pasteurs américains nous ont souvent édifié; mais nous devons à la vérité de dire que l'habitude qu'ils ont presque tous contractée de prier la tête baissée et les yeux fermés, et au lieu de joindre les mains, de les promener d'un bout à l'autre de la Bible in-folio qu'ils ont devant eux, ne nous a paru ni très naturelle ni très heureuse.

Les sermons, à très peu d'exception près, sont écrits et lus. Nous avions supposé que cet usage provenait de ce que chaque pasteur ayant à prêcher au moins deux fois par dimanche et une fois dans la semaine, il était difficile de mémoriser trois sermons dans l'espace de huit jours. Mais l'on nous a expliqué que ce n'était point là la cause principale de l'habitude de lire en chaire les sermons. Il paraît que les troupeaux, en Amérique, tiennent non seulement à avoir les meilleurs pasteurs, mais encore à entendre les meilleurs sermons. Or, ils supposent généralement qu'un sermon récité ou parlé n'est pas un sermon médité et soigné ; et, pour avoir la preuve irrécusable que leur pasteur travaille dans son cabinet, ils ne sont pas fâchés de voir son manuscrit en chaire.

J'ai déjà dit ailleurs et je répète ici que les sermons que j'ai entendus étaient nourris de la Parole de Dieu et faisaient preuve d'une étude assidue et consciencieuse des Saintes-Écritures ; qu'ils étaient, de plus, remplis d'expérience chrétienne et annonçaient des pasteurs qui sondent leur propre cœur et qui vivent avec les âmes, en partageant les douleurs et les joies des membres de leurs troupeaux ; qu'ils révélaient enfin une instruction variée et la connaissance des principales ressources de l'éloquence chrétienne. Je n'y ai trouvé qu'un défaut, c'est qu'ils fussent lus, et je puis bien assurer mes chers collègues des États-Unis que quand ils les auraient récités, j'aurais su, je m'en flatte du moins, m'élever au-dessus du préjugé de leurs auditeurs, et reconnaître qu'ils avaient été longuement médités devant la Bible ouverte et dans l'esprit de la prière.

Les pasteurs américains n'ont pas une répu-
gnance invincible pour la robe et le rabat ; cependant ils prêchent, pour la plupart, excepté
dans l'Église épiscopale, en habit; quelquefois
même en paletot. Ce paletot est noir, il est vrai :
toutefois j'en ai vu un gris : c'était dans une
Eglise baptiste, à Buffalo, grande ville sur le lac
Érié (e); et même j'en ai surpris un qui était
en coutil blanc. Il faut ajouter que c'était dans
la chaire de la chapelle des Indiens Tuscaroras.
Sous ce rapport, il m'a paru que le chef indien
dont j'ai parlé ailleurs, et qui était en chaire à
côté de son missionnaire, était vêtu plus conve-
nablement que lui.

Une chose qui frappe singulièrement un étranger qui assiste pour la première fois, en été, à
un service religieux aux États-Unis, c'est l'usage
universel des éventails. Qu'on se représente une
assemblée de 1,000 à 1,200 personnes où tous,
hommes, femmes et enfants, et le pasteur lui-
même en chaire, sont armés d'un énorme éventail
rond, en feuilles de palmier, monté sur un manche

(e) Voir l'Appendice à la fin du volume.

5.

assez loug et battant l'air avec une sorte de cadence au moyen de cet instrument de ventilation.
Le dirai-je? on m'a toujours offert un éventail
chaque fois que je suis entré dans une église;
mais, par une sorte de faux respect, sans doute,
pour la dignité du sexe masculin, je n'ai pu me
me résoudre à l'accepter, et j'ai préféré subir
une sorte d'asphyxie que de devenir, même pour
un moment, Américain sous ce rapport. Il faut
dire, pour justifier en quelque sorte cet usage,
que la chaleur aux États-Unis est excessive; les
étés, même dans les États du Nord, sont ceux
de Rome et de Naples, et quelquefois de l'Inde
ou de Cuba. En outre, les chapelles sont toujours pleines, et le bois y domine plus que la
pierre. Toutes ces causes servent à expliquer un
usage qui donne lieu à une branche assez considérable de commerce. Ces éventails, qui coû-
tent fort peu de chose, viennent de la Chine; il
en arrive, m'a-t-on dit, des vaisseaux qui n'ont
pas d'autre cargaison que celle-là. Il s'en fait
une consommation prodigieuse, tant dans les
églises que dans les maisons.

J'ai assisté et pris part en Amérique à des

communions de cinq à six cents personnes; cependant les communions ont lieu tous les mois; et quand je me disais que ces nombreux communiants étaient tous capables de rendre compte avec clarté et d'une manière explicite de leur foi de chrétiens et de leurs convictions comme membres. de l'Eglise, j'avoue que ce spectacle était à lui seul la plus édifiante des prédications.

Le service divin ne se termine pas en Amérique, comme chez nous, par une collecte en faveur des pauvres; j'en ai demandé la raison; on m'a répondu : « Nous n'avons pas de pauvres, ou s'il s'en présente quelqu'un, nous pourvoyons à ses besoins d'une autre manière. »

Heureux pays où chacun travaille et gagne en paix et largement sa vie et celle de sa famille; où l'industrie est florissante et le commerce prospère, et où le citoyen, heureux sous le régime d'une constitution et d'un gouvernement qui sont calqués sur ses besoins et qui ont toutes ses sympathies, s'avance avec courage et plein de confiance vers un avenir que la Parole de Christ colore à ses yeux des plus doux et des plus lumineux rayons!

V

LES SOCIÉTÉS CHRÉTIENNES

ET LES ŒUVRES PHILANTHROPIQUES.

Si les Églises sont florissantes aux États-Unis, les œuvres chrétiennes n'y sont pas moins prospères. L'ardeur et la persévérance que les Américains mettent à creuser des canaux, construire des chemins de fer, défricher des terres incultes et développer les ressources d'une prodigieuse industrie, ils la déploient dans le vaste champ des Sociétés évangéliques. C'est, dans le dernier comme dans le premier cas, la même énergie du caractère national, le même esprit résolu qui triomphe de tous les obstacles. Dernièrement, quand il s'est agi de décider l'établissement d'un chemin de fer qui doit aller, en ligne directe, de New-York à l'Océan Pacifique, en passant par la Californie, et qui traversera une étendue de pays d'un millier de lieues environ, les citoyens des États-Unis ont-ils hésité? Nullement. A notre départ des États-Unis, deux cent cinquante millions avaient déjà été recueuillis pour subvenir aux dépenses de cette colossale entreprise. Il ne faut donc pas être surpris si, dans un autre ordre d'idées et de faits, il se passe aux États-Unis des choses que les chrétiens d'Europe seraient tentés de regarder comme fabuleuses. En voici quelques exemples :

La Société biblique américaine avait singulièrement étendu ses opérations depuis quelques années; elle imprimait et distribuait annuellement huit à neuf cent mille exemplaires des Saintes-Écritures. Mais ce n'était pas assez pour satisfaire au zèle du comité qui dirige cette excellente institution. Les directeurs de la Société biblique de New-York voulaient pouvoir répandre chaque année non pas *un* million, mais *des* millions de Bibles. Il leur fallait, pour cela, un bâtiment plus spacieux que celui qu'ils avaient occupé jusqu'alors. Le 29 juin 1852, ils ont posé la première pierre d'une nouvelle maison, et quelques mois après l'édifice était achevé. Il a coûté 1,250,000 fr.; et cette somme énorme n'a point été prélevée, comme on pourrait le croire, sur les recettes ordinaires de la Société, destinées à l'impression et à la circulation de la Parole de Dieu, et qui ont été, l'année dernière, de 1,732,710 fr. (c'est-à-dire 188,985 fr. de plus que l'année précédente); mais elle a été recueillie, en grande partie, au moyen de souscriptions spéciales ayant cette destination particulière. Nous avons vu nous-même complètement terminée cette *Maison de la Bible* (*Bible-House*), comme on l'appelle. C'est, sans contredit, le plus grand et le plus beau bâtiment qu'il y ait à New-York. Il occupe un terrain de plus de trois quarts d'acre de surface. Tout s'y trouve réuni : les presses nombreuses et toujours actives de la Société, les magasins de papier, les ateliers de reliure, les dépôts de Livres saints, les bureaux, les salles de

réunion des diverses sections du comité directeur, etc. Dans l'un des salons, on voit les por-
traits des membres fondateurs de l'institution
biblique américaine. Parmi eux nous avons eu
la joie de trouver, au premier rang, ceux d'un
Boudinot, d'un Jay, et si nous ne nous trompons,
d'un Laurens, descendants de réfugiés *huguenots* et premiers présidents de la Société (1).

La *Maison de la Bible* est si vaste que plusieurs des locaux qu'elle renferme, n'étant pas
occupés par la Société qui l'a fondée, ont pu
être loués à diverses institutions religieuses et
philanthropiques moyennant une rente annuelle
dont le produit servira d'abord à éteindre la dette
qui pèse encore sur le comité, puis plus tard
à accroître les ressources de la Société biblique.
C'est ordinairement ainsi que les choses se font
en Amérique ; une entreprise chrétienne y est
avant tout une œuvre de foi ; mais tel est l'esprit de prévoyance et de capacité administrative
de nos frères américains, qu'elle finit presque

(1) Élie Boudinot a fait présent d'une somme de 50,000 fr. à
la Société biblique américaine, qu'il a présidée pendant de longues années.

toujours par devenir une excellente affaire, qui tourne, même pécuniairement parlant, au profit de l'œuvre.

Les Sociétés de Missions ne sont pas moins courageuses dans leurs efforts pour faire prêcher l'Évangile aux païens que la Société biblique ne montre de décision dans ses opérations pour répandre la Parole de Dieu. L'année dernière, les deux plus grandes Sociétés de Missions américaines (l'*American Board* et le *Board of the Presbyterian Church*) ont fait ensemble une recette totale de 2,277,935 fr. Dans la même année, la première de ces deux Sociétés a envoyé en mission trente-sept nouveaux missionnaires et aides-missionnaires, et la seconde seize. Ainsi, deux Sociétés de Missions américaines ont accru, à elles seules et dans une même année, de cinquante-trois ouvriers le nombre des serviteurs de Jésus-Christ, qui prêchent l'Evangile aux païens. Ne pouvant dire sur chacune de ces Sociétés tout ce qu'il y aurait à dire, nous devons nous borner à quelques traits caractéristiques de leurs opérations. En voici un qui fera juger de l'esprit de foi et de résolution qui

préside à la direction de cette œuvre. En 1837,
année désastreuse pour le commerce aux États-
Unis, le *Conseil américain des Missions étrangères* avait cru devoir, par mesure de prudence,
retarder le départ de quelques missionnaires qui
avaient reçu une destination pour l'une des nombreuses missions entreprises par lui sur la surface du globe. Que l'on remarque bien de quoi
il s'agissait dans ce cas particulier. Il n'était
question ni de fermer des séminaires, ni de rappeler des missionnaires du champ de leurs travaux ; mais seulement de suspendre le départ
de quelques ouvriers qui auraient pu se rendre
au poste qui leur avait été assigné. Le comité
déclare, dans son dernier rapport, qu'il s'est
repenti depuis lors d'avoir pris cette résolution,
qu'il la regarde comme fatale, et que les tristes
effets de cette mesure se font encore sentir. Ce
passage est trop important pour que nous ne le
transcrivions pas ici : « Il est reconnu maintenant, disent les directeurs, qu'une Société de
Missions ne s'expose pas à faire banqueroute en
envoyant des missionnaires bien qualifiés.....
L'œuvre missionnaire est éminemment l'œuvre

du Seigneur, fondée sur un commandement spécial, sur une promesse spéciale, sur une providence spéciale ; pour le chrétien, qu'un appel de la grâce et de la providence a mis à part pour cette œuvre, il n'y a pas plus de risque à partir qu'il n'y en a pour une Société des Missions à l'envoyer..... En 1837, année déplorable de ruine pour le commerce du monde, notre Société a cru qu'il serait prudent de retenir quelques missionnaires prêts à partir ; mais elle ne s'est point encore remise (*recovered*) des suites de l'influence paralysante que cette décision a eue sur les colléges, les séminaires de théologie et les Églises. En fait, le seul moyen sûr d'obtenir des fonds pour l'œuvre des Missions, est d'envoyer les hommes que Dieu appelle, en s'appuyant avec une confiance filiale sur les promesses du Seigneur (1). »

Pour donner une idée du crédit dont l'œuvre des Missions jouit, en Amérique, auprès de toutes les classes de la société, nous avons dit

______

(1) *Forty-third Annual Report of the American Board of Commissionners for Foreign Missions*, 1852, p. 17.

ailleurs qu'un secrétaire du *Congrès* avait eu deux fils missionnaires. Nous pouvons ajouter ici que l'un d'eux étant mort martyr en Chine, le père, l'honorable Walter Lowrie, est devenu lui-même, avec celui de ses fils qui est revenu des Indes, secrétaire de la Société des Missions de l'Église presbytérienne. Ainsi, on ne croit pas déroger, aux États-Unis, quand, après avoir été secrétaire du Congrès américain, on accepte les fonctions de secrétaire d'une Société de Missions évangéliques chez les peuples non chrétiens.

Au nombre des secrétaires des diverses Sociétés de Missions, il en est toujours un qui a pour fonctions spéciales la visite des facultés de théologie. Il se rend chaque année dans l'une ou dans l'autre, et y passe plusieurs jours, occupé soit à prêcher en public, soit à converser en particulier avec les étudiants. Des appels particuliers et pressants sont adressés à ces jeunes lévites; on les invite à s'examiner devant Dieu pour résoudre la question de leur vocation, soit pour le ministère évangélique parmi les païens, soit pour le service de Dieu dans la patrie. Très souvent ces visites sont couronnées de succès, et deux, trois jeunes chrétiens et plus s'enrôlent souvent ensemble sous la bannière de la Croix pour aller combattre le paganisme dans ses vieux retranchements. Quand de pareils fruits de l'activité des secrétaires des Sociétés de Missions viennent à se produire, loin de le regretter, les présidents et professeurs des séminaires de théologie regardent ces manifestations comme un honneur pour leur établissement et comme une bénédiction devant Dieu.

Nous n'avons pas été moins frappé de l'extraordinaire activité de la Société des Traités que de celle des Sociétés de Missions et de la Société biblique de New-York. La première a, comme cette dernière, sa maison, ses presses et ses magasins. Il nous serait impossible de donner ici une idée, même approximative, du nombre de publications que met en circulation, chaque année, la Société des Traités de New-York, l'une des plus estimées et des plus recommandables des États-Unis. Ses publications ne consistent pas seulement en petits traités, mais en livres et en journaux périodiques. Il y en a dans plusieurs langues, la plupart en anglais, les autres en allemand, en français, en espagnol, en portugais, en italien, en hollandais, en danois, en suédois, en hongrois, etc. Trois secrétaires salariés, des agents voyageurs en quantité, un nombre considérable d'employés en sous-ordre, sont occupés d'un bout de l'année à l'autre à pousser activement les travaux de cette Société. Quel mouvement dans ses presses et dans ses ateliers! Nous y avons vu nous-même tirer un journal pour les adultes à 200,000 exemplaires (1), et un journal pour les enfants à 300,000 exemplaires (2). Une main mécanique saisissait les feuilles imprimées à mesure qu'elles sortaient de dessous la presse, et les disposait en tas, avec autant de dextérité et de précision que l'eût pu faire la main d'un ouvrier. La mécanique a atteint, aux États-Unis, un tel degré de perfection, qu'elle semble réaliser l'animation de la nature et l'intelligence de l'homme, en quadruplant ses forces et en multipliant son action (*f*).

Une Société qui n'est guère moins remarqua-

(1) *American Messenger*.
(2) *Child's Paper*.
(*f*) Voir l'Appendice à la fin du volume.

ble que celle des *Traités religieux* est celle de l'*Union américaine pour les Écoles du Dimanche* (American sunday school Union). Cette Société a créé une véritable littérature pour l'enfance et la jeunesse. Son catalogue porte le chiffre énorme de 2,000 ouvrages différents, sans compter un nombre aussi considérable de traités et de brochures destinés à l'enfance. La forme et le contenu en sont très variés : histoires, biographies, explications bibliques, ouvrages de morale religieuse, etc.; mais tous ces écrits sont essentiellement évangéliques et servent, avec l'enseignement donné dans les Écoles du Dimanche, à former ces générations fortes, connaissant à fond les enseignements bibliques, et nourries de bonne heure de la Parole de Dieu, qui font les grands peuples et les nations prospères. L'année dernière seulement, dix à douze mille personnes, dans les divers États de l'Union, sont venues accroître le nombre des moniteurs et des monitrices dans les Écoles du Dimanche, et la Société dont nous venons de parler déclare, dans son dernier rapport, avoir ajouté un demi-million de livres au dépôt de plusieurs millions d'ouvrages formé par elle les années précédentes.

De 1848 à 1851, le chiffre total des recettes des diverses Sociétés qui s'occupent de l'œuvre de la dissémination de l'Évangile sur le continent américain (Home Mission), s'est élevé à 10,655,000 fr., et celui des recettes des Sociétés de Missions à l'étranger (Foreign Missions), à 8,815,000 fr.

Un établissement, parmi beaucoup d'autres, qui nous a vivement intéressé, est l'asile pour les orphelins nègres qui a été fondé à New-York. Nous y avons trouvé cinq à six cents petits nègres et petites négresses, de 6 à 12 ans, parfaitement soignés, paternellement élevés, et recevant une instruction élémentaire solide, en même temps qu'une éducation chrétienne vraiment digne de ce nom. Un comité de dames pieuses surveille cet établissement; et chacune d'elles y passe tour à tour des journées entières, pour y associer l'influence de sa piété personnelle et de son caractère aux efforts des maîtres et des maîtresses rétribués. Nous avons été très satisfait de la bonne tenue de ces chers enfants, ainsi que de l'expression de bonheur qui était peinte sur leurs visages. Ils se sont livrés devant nous, sans plume ni ardoise, à des calculs de tête vraiment étonnants, et nous ont récité des dialogues sur la prière et le pardon des injures, où l'on sentait que le cœur était de la partie, et sanctifiait réellement un exercice de mémoire et de récitation.

Nous ne pouvions pas quitter les États-Unis sans avoir vu la ville de Lowell, cette merveille des manufactures américaines. Qu'on se représente une ville de 37,000 âmes, où l'on compte 12,633 ouvriers, savoir : 4,168 hommes et 8,470 jeunes filles. Douze compagnies industrielles y font valoir un capital de 69,500,000 fr. Le coton qui a été transporté brut au sixième étage de la manufacture, se retrouve au rez-de-chaussée transformé en indiennes imprimées, qui sont aussitôt emballées et expédiées. La quantité d'étoffes de toutes sortes fabriquées chaque année à Lowell est telle, que, jointes les unes aux autres, toutes les pièces réunies formeraient un vaste ruban avec lequel on pourrait entourer la circonférence de notre globe. De ces étoffes on fabrique une longueur de dix-sept milles par heure, c'est-à-dire que dans cette ville étonnante on travaille avec la rapidité des chemins de fer, comme le dit le *Guide du Visiteur* de Lowell.

Mais quelque admiration qu'excite le développement d'une pareille industrie, cet étonnement fait place bientôt à la satisfaction qu'éprouve le chrétien à qui l'on rend compte de la surveillance morale et des soins paternels sous lesquels sont placés les 8 à 9,000 ouvrières de Lowell. Leurs patrons ont fait construire et meubler des habitations comfortables, où elles sont logées et nourries pour le prix d'une modique pension. Les bâtiments qui leur servent de logement sont immenses; mais ils sont séparés en corps de logis distincts les uns des autres, où les ouvrières sont reçues par compagnies ou sociétés de vingt-quatre jeunes filles, sous la direction d'une femme respectable, qui tient le ménage et qui fait observer la discipline de la maison. Chaque ouvrière a sa chambre à part, et toutes se réunissent, quand elles le veulent, au salon, où elles trouvent des livres de lecture et une petite bibliothèque. Les chambres, et jusqu'aux escaliers, sont garnis de bons tapis. Quand vous voyez ces jeunes filles sortir de chez elles pour se rendre à leurs ateliers respectifs, vous les prendriez, à leur mise soignée et à leur air décent, avec leurs châles et leurs ombrelles, pour des personnes d'une tout autre condition. Dans le fait, il y a parmi elles des filles de pasteurs de campagne, qui ne croient point déroger en venant passer trois ou quatre ans à Lowell pour y recueillir, au moyen d'un travail honorable et pour fruit de leurs économies, une somme de 2,000 francs environ, qui leur sert plus tard de dot de mariage. En Amérique, le travail n'est un déshonneur pour personne ; l'oisiveté et la paresse impriment seules une flétrissure. Les ouvrières de Lowell gagnent 20 à 25 fr. par semaine. La moitié de cette somme sert à payer leur pension. Elles peuvent donc mettre de côté 10 à 15 fr. tous les huit jours. On sait que quelques ouvrières de Lowell rédigent et publient un journal mensuel dont nous avons apporté à Paris deux numéros fort remarquables. Il est inutile de dire que leur conduite est parfaitement régulière. Les directeurs des diverses compagnies n'admettraient ni dans leurs ateliers ni dans leurs pensions (*boarding houses*) des ouvrières dont la moralité serait suspecte : ils n'y recevraient pas même des ouvrières qui n'auraient pas des habitudes de piété et qui ne fréquenteraient pas régulièrement les saintes assemblées. Il y a à Lowell plus de 30 Églises de diverses communions (*g*).

Si nous faisions un livre sur les États-Unis, nous aurions beaucoup d'autres institutions à mentionner, beaucoup d'autres faits à raconter. Mais nos lecteurs n'ont pas oublié que nous n'avons fait un séjour que de quelques mois aux États-Unis, et que nous leur avons promis seulement des observations sur les hommes et sur les choses qui, dans la sphère de la religion et de la morale, sont venus à notre connaissance pendant ce court espace de temps.

Nous ne quitterons pas cependant le sujet des œuvres chrétiennes sans citer deux exemples de la libéralité à la fois prompte et généreuse de nos frères des États-Unis.

(*g*) Voir l'Appendice à la fin du volume.

Au printemps dernier, M. le pasteur Revel, modérateur de la Table vaudoise, arriva en Amérique avec une mission du corps ecclésiastique dont il est le président, à l'effet de recueillir une somme de 100,000 fr. pour fonder une école de théologie, qui a été reconnue indispensable dans les circonstances nouvelles et prospères où se trouvent les Eglises des vallées du Piémont. M. Revel se fit entendre avec beaucoup d'intérêt dans quelques grandes villes des États du Nord. Mais les chaleurs commençaient à se faire sentir; les familles riches s'apprêtaient à partir pour la campagne ou pour les bords de la mer. On voulut épargner à notre frère des vallées vaudoises des fatigues et un temps précieux. « Retournez, lui dirent quelques chrétiens, retournez dans vos Églises, où votre présence est plus nécessaire qu'ici. Nous vous promettons les 100,000 fr. que vous nous demandez et qui vous sont nécessaires. » Nul doute qu'à l'heure qu'il est les 100,000 francs n'aient été trouvés et peut-être dépassés.

Il n'y a pas longtemps qu'un riche industriel de New-York a fait un acte de grande libéralité.

M. William Cooper avait gagné, comme mécanicien, une fortune considérable. Se souvenant que dans sa jeunesse il avait eu à lutter, faute de moyens d'instruction et par l'effort seul de son génie, contre des difficultés de plus d'un genre, il a voulu offrir à des jeunes gens sans ressources, mais ayant la vocation d'ingénieur, les moyens de s'instruire et de devenir des hommes capables. Dans ce but, il vient de consacrer la somme d'un million et demi de francs à la fondation d'un grand établissement, où, avec les meilleurs professeurs de mathématiques, de mécanique et de sciences naturelles, les jeunes gens reconnus aptes à faire de pareilles études, trouveront un vaste musée, d'immenses ateliers, une riche bibliothèque, tout ce qui peut contribuer, en un mot, à former une école complète des arts et métiers.

Un ami m'a montré M. William Cooper, comme il passait dans une rue de New-York. Ce millionnaire conduisait lui-même une petite voiture à un cheval, sans cocher ni laquais. Homme simple, mais grand véritablement, il portait sur sa figure l'expression d'une remarquable bonté et d'une touchante modestie.

Ces exemples ne sont pas rares aux États-Unis. Si l'on y gagne beaucoup d'argent, on y en donne aussi beaucoup. L'Église et la patrie sont deux saintes passions qui enflamment généralement le cœur des citoyens américains et qui ouvrent chez eux la source des plus belles œuvres de charité et de philanthropie.

VI

OBSERVATIONS ET FAITS DIVERS.

Les cimetières, en Amérique, surtout ceux
des grandes villes, ne ressemblent point à ceux de
Paris. Ici, la fosse touche la fosse et le tombeau
est adossé au tombeau. On dirait une vaste
moisson, une épaisse forêt de pierres tumulaires,
où l'on est avare du sol et où l'on tient à ne pas
laisser un pouce de terrain sans l'employer à
quelque sépulture. Aux États-Unis, les cimetières sont spacieux et ont bien plus l'air de vastes
parcs ou de grands jardins que de tout autre chose.
On choisit ordinairement pour ces établisse-

ments-là un sol accidenté où abondent des collines, de petites vallées et des pièces d'eau. Des massifs d'arbres touffus, de jolies pelouses vertes, des grottes naturelles en font l'ornement. Les monuments funèbres ne s'y disputent pas le terrain comme chez nous; ils sont placés à une assez grande distance les uns des autres. Au sommet d'une éminence, vous apercevez une tombe solitaire ombragée par des arbres venus naturellement et que l'on n'a pas eu besoin de planter. A deux ou trois cents pas de là, vous en découvrez une autre au pied d'un roc, ou sur le bord d'un étang ou d'une pièce d'eau. Les cimetières sont coupés dans tous les sens par des routes soignées, sablées, où les équipages circulent librement. C'est dire qu'ils sont de véritables promenades, où les Américains se rendent en famille. *Mount-Auburn*, près de Boston, *Greenwod*, près de New-York, sont en quelque sorte le Bois de Boulogne de ces deux cités, avec cette différence, toutefois, qu'on y entre et qu'on en sort comme on doit le faire quand on sait que l'on parcourt et que l'on foule aux pieds le champ de la mort. Il n'y a pas de gaieté sur les figures de ces promeneurs, mais aussi la mélancolie n'y a pas laissé son empreinte. Nous avons vu de jeunes époux, dans les premiers temps de leur union, venir à Mount-Auburn visiter la tombe de leurs parents ou choisir la place où ils reposeraient eux-mêmes un jour. Ils étaient sereins, mais d'une sérénité douce et recueillie. Cela nous a singulièrement frappé; nous en avons conclu que la mort n'était point pour eux une pensée qu'ils eussent besoin de fuir, qu'ils ne craignaient pas de se familiariser de bonne heure avec elle.

Les monuments funèbres sont diversement situés, entourés et cultivés, mais ils portent tous le caractère d'une grande simplicité. L'Américain protestant est d'avis que le lieu où il convient le moins de se glorifier, c'est le cimetière, et que la vanité n'est nulle part plus ridicule et plus inexcusable que là où la mort égalise toutes les conditions. C'est aussi notre opinion. Un seul tombeau, à Greenwood, fait exception à cette règle. Il a été élevé par un père catholique à sa fille unique, et il porte un nom français. Ce père infortuné revenait d'un bal avec sa fille, remarquable par sa beauté et les dons de son esprit, et il s'était chargé de reconduire chez elle une jeune personne de leurs relations. Il descend de voiture avec cette dernière, sonne, et l'introduit dans le vestibule de la maison ; quelques minutes s'écoulent ; dans ce court intervalle les chevaux, laissés à eux-mêmes, s'effraient, emportent la voiture, la brisent, et quand M. C. revient, il trouve sa fille étendue morte sur le pavé. Sa douleur a été poignante, inconsolable, et, pour la soulager, il a imaginé de consacrer la somme qu'il avait mise à part pour la dot de sa fille à lui élever un mausolée assez riche pour attester ses regrets. L'architecte et le sculpteur y ont épuisé toutes les ressources de leur art. Sous ce rapport, rien n'y manque. Le luxe toutefois, dans un pareil lieu, fait mal à voir. Les citoyens de New-York ne sont pas fâchés de posséder ce chef-d'œuvre dans leur cimetière de Greenwood, et ils ne vous le montrent pas sans une sorte de satisfaction. Aucun d'eux toutefois ne songe à imiter cette fastueuse et vaine magnificence, qui n'est ni dans leurs principes ni dans leurs mœurs.

Nous avons assisté, à New-York, à l'ouverture du Palais de Cristal, et comme nous avions eu l'avantage de voir celui de Londres, nous avons pu faire une comparaison entre ces deux constructions. Celui de Londres était incomparablement plus vaste et plus grandiose; celui de New-York, dans des proportions plus restreintes, était peut-être d'un aspect plus agréable. Celui de Londres, à partir de son centre, s'étendait, à droite et à gauche, comme un immense parallélogramme dont il était difficile d'embrasser d'un coup d'œil toute l'étendue. A New-York, on voyait, autour du transept ou du dôme, quatre galeries projeter leurs ailes dans quatre directions différentes, et présenter ainsi un ensemble plus harmonieux et plus facile à saisir. Quant à l'importance respective des deux expositions, il n'y a pas de parallèle à établir. Qui pouvait espérer que l'Europe industrielle traverserait l'Atlantique pour aller voir, au bout de deux ans et à 12 ou 1,500 lieues de distance, une répétition amoindrie de la splendide exposition qu'elle avait pu contempler tout à loisir, à Londres, en passant seulement le détroit de la Manche? Mais il est une chose qui a rapproché les deux Palais de l'Industrie, c'est la consécration religieuse par laquelle ils ont été inaugurés l'un et l'autre. De même qu'à Londres, un évêque anglican, en présence de la reine et de toute sa cour, avait béni par la prière la grande exposition de l'industrie universelle, de même à New-York, en présence du président des États-Unis et de son état-major, un évêque protestant a appelé, dans une prière onctueuse et évangélique, la bénédiction divine sur la patrie, l'industrie nationale et le monde entier. On nous demandera peut-être pourquoi, dans cette circonstance solennelle, le soin d'inaugurer religieusement le Palais de Cristal avait été remis à un ministre épiscopal plutôt qu'à tout autre pasteur protestant? Nous avons fait nous-même la même question. En effet, dans un pays où les cultes ne sont pas salariés, et où, par conséquent, aucune Église n'est privilégiée, il pouvait être difficile de se décider pour une communion religieuse plutôt que pour une autre. On nous a répondu que ce choix avait dépendu du président de la République, et que c'était le général Pierce qui, de son chef, avait appelé l'évêque Wainright, de New-York, parce qu'il avait avec lui des relations particulières d'amitié (*h*). Du reste, je n'ai pas remarqué qu'aucun pasteur des autres Eglises ait paru blessé de la préférence accordée en cette occasion à l'Église épiscopale. Ils ont trouvé la chose toute naturelle, et le jour de cette imposante cérémonie, on voyait groupés sur l'estrade, autour du président et de l'évêque officiant, des pasteurs de New-York de toutes les dénominations religieuses, parmi lesquels j'ai remarqué des presbytériens des deux écoles, des presbytériens de l'Église réformée hollandaise, des congrégationalistes, des baptistes, etc., et même l'évêque catholique de la cité.

On sait qu'aux États-Unis on s'est beaucoup occupé du système pénitentiaire, qu'on l'y a mis en pratique à des points de vue fort différents, et qu'on l'y a réalisé dans des proportions vraiment colossales. Nous avons visité, à Boston, une maison de détention qui est un chef-d'œuvre dans ce genre. Elle est construite en pierre et en fer; il n'est pas entré dans sa construction

(*h*) Voir l'Appendice à la fin du volume.

un morceau de bois. A quelque point qu'il se place de la vaste circonférence du dôme qui en occupe le centre, le surveillant, un seul surveillant, aperçoit toutes les cellules des prisonniers. Ceux-ci ne sauraient faire un mouvement sans qu'il le sache. On n'y incarcère pas seulement des criminels proprement dits, mais aussi des ivrognes. Tout homme surpris sur la voie publique en état d'ivresse y est aussitôt conduit, et y demeure un temps plus ou moins long. Le jour où je visitai cette prison, le registre d'écrou portait les noms de dix-huit personnes enfermées pour s'être livrées à la boisson. On est de plus en plus persuadé, aux États-Unis et dans le Massachusetts en particulier, que l'ivresse est la mère du crime, et que la plupart des actes de violence sont commis ou dans l'état d'ivresse, ou par des personnes qui ont l'habitude de la boisson. Les amis des Sociétés de tempérance vous répètent sans cesse que le meurtre est en principe ou en germe dans *l'alcool*. Dans cette opinion, corriger les buveurs en les enfermant, est un excellent moyen de prévenir de plus grands malheurs.

Au rez-de-chaussée de la prison dont nous venons de parler, et dans un corps de logis à

part, se trouve le logement du directeur, vaste,
bien meublé et même élégamment orné. Il y a
tel lord à Londres, ou tel seigneur à Paris qui
peut-être n'a pas un plus beau salon que le sien.
Sa femme, qui nous en a fait les honneurs, avait
tout-à-fait l'air d'une dame de distinction.

Nous avons dit ailleurs que les Américains
ne boivent pas ou boivent peu de vin et de
liqueurs ; en échange, ils aiment beaucoup l'eau ;
l'eau occupe une grande place dans leur régime
alimentaire, et pour se procurer de bonne eau,
aucun sacrifice d'argent ne leur coûte, aucun
obstacle matériel à surmonter ne les effraie. S'il
faut aller chercher l'eau potable et fraîche à dix,
à vingt, à trente lieues de la cité, on l'amènera,
au moyen d'aqueducs et de réservoirs, à travers
collines, vallées et rivières ; quelles que soient
les difficultés matérielles à vaincre, l'eau viendra, on la fera venir, et les millions, non pas
de francs, mais de dollars, seront de suite trouvés, au moyen de souscriptions ou d'actions,
pour faire face aux dépenses de ces grands établissements d'utilité publique. Sous ce rapport,
le réservoir de Boston, l'aqueduc de New-York

(Highbridge), et la machine hydraulique de Philadelphie, sont de véritables constructions romaines que l'on peut nommer après le pont du Gard.
Le granit, et un granit de la plus belle espèce, est
presque toujours employé dans ces sortes d'ouvrages, qui dureront probablement autant que le
monde.

En Amérique, tout prend des proportions gigantesques. La dimension des hôtels y est cal-
culée sur le nombre et l'importance des chemins de fer. Dans un pays où les trains, arrivant
dans toutes les directions, vomissent à chaque
heure sur la voie publique des milliers de voyageurs, il faut des auberges assez spacieuses pour
les recevoir et les loger. Aussi n'est-il pas rare
de trouver des hôtels de cinq et six cents lits.

Quand nous avons quitté New-York, on y
construisait un hôtel-monstre destiné à héberger
deux mille voyageurs. A Niagara, à l'*Hôtel de
la Cataracte*, où nous étions descendus, nous
avons rarement vu moins de cinq à six cents
personnes à table, et ces repas se renouvelaient
quatre fois par jour. Il y avait toujours cinquante domestiques dans la salle à manger, et

à peu près autant dans la maison, pour le service des chambres. Les cinquante garçons qui servaient à table étaient tous nègres et avaient pour chef un Indien du pays. Je n'oublierai jamais le regard de cet homme, non plus que l'agilité de ses mouvements : en un clin d'œil il se transportait d'un bout de la salle à l'autre; un coup de sifflet, un signe de la tête ou de la main lui suffisait pour faire manœuvrer les cinquante Africains qu'il avait sous ses ordres. Ceux-ci entraient et sortaient par escouades, en marquant le pas, et ils déposaient les plats ou changeaient d'assiettes en battant la mesure et en cadence. L'âme de l'Indien semblait les animer tous, et son air a rappelé à notre souvenir quelqu'un des héros de Cooper : *OEil-de-Faucon, Cerf-Agile, Renard-Subtil* ou tel autre. Mais quelle métamorphose dans les scènes dont nous étions spectateurs ! Nous avions sous les yeux l'industrie américaine dans tout ce qu'elle a d'étonnant, la race anglo-saxonne dans son caractère le plus marqué, le mouvement et la vie d'un hôtel admirablement organisé, une ville de plusieurs milliers d'âmes accrue de milliers de voyageurs arrivant, partant et se renouvelant sans cesse... Dans quel lieu ?... Au pied d'une cataracte qui, il n'y a pas plus d'un siècle et demi, était entièrement solitaire, et dont le seul admirateur était l'Indien qui venait y pêcher ou s'y baigner, après avoir suspendu son hamac et ses flèches à l'arbre du voisinage.

Il y a une observation judaïque du jour du dimanche à laquelle nous attachons moins d'importance que d'autres frères. Quoique nous regardions ce saint jour comme une ordonnance divine en même temps que comme un privilége, il nous a toujours paru qu'il fallait en user et le célébrer dans l'esprit de liberté qui est le caractère de l'économie évangélique. Mais nous devons à la vérité de reconnaître que, s'il est un spectacle propre à aider au recueillement et à favoriser les actes du culte et en général le développement de la piété, c'est celui d'une grande ville où, ce jour-là, toutes les affaires sont suspendues, où l'on n'entend aucun bruit dans les rues et les places publiques, où l'on voit de toutes parts des groupes silencieux se rendre jusqu'à trois fois dans la maison de Dieu, et où des pères et des mères de famille, accompagnés de leurs enfants, ne semblent pas connaître, le jour du dimanche, d'autre récréation que celle de fréquenter les parvis du Seigneur. *Heureuse,* nous sommes-nous dit en contemplant ces mœurs chrétiennes et patriarcales, *heureuse la nation dont l'Eternel est le Dieu!*

L'Océan agité et troublé jusque dans ses profondeurs n'empêche pas le chrétien américain ou anglais de célébrer son culte. Le premier dimanche que nous passâmes à bord du *Pacifique,* en nous rendant à New-York, le temps était fort mauvais. La plupart des passagers malades étaient restés dans leurs lits. Ceux qui avaient pu se traîner hors de leurs cabines étaient étendus sur les canapés du salon : il le fallait bien, car il y avait impossibilité de se tenir debout. Malgré cela, le service eut lieu en présence du capitaine, qui ne manque jamais d'y assister; ses lieutenants avaient dû rester sur le pont, et tous les matelots étaient à la manœuvre. L'un des passagers, le révérend Gorham Abbott, frère de Jacob Abbott, auteur du *Jeune Chrétien,* voulut bien se charger des prières et de la prédication.

Je n'oublierai jamais ce moment solennel. Le pasteur officiant, seul sur ses pieds, étreignait de ses deux bras l'une des colonnes en fer du salon, qui lui servait d'appui ; et c'est dans cette posture, qui lui était nécessaire pour ne pas être jeté à droite ou à gauche et meurtri, qu'il pria et prêcha. Le culte ne fut pas raccourci, malgré l'orage ; la prière fut longue et développée ; chacun y trouva sa place ; le pasteur n'oublia ni le capitaine, ni les officiers sous ses ordres, ni les matelots, ni le mécanicien préposé à *la direction de la puissante machine*, qui, dans ce moment-là était, humainement parlant, le salut de l'équipage et des passagers. A de pareilles heures, que Dieu paraît grand et que l'homme se sent petit !

Le *Pacifique* était un paquebot américain. Nous revînmes en Europe par le *Niagara*, paquebot anglais. A bord de ce dernier bâtiment, nous trouvâmes les mêmes usages religieux qu'à bord du premier ; nous y eûmes même le service tous les jours, à une heure de l'après-midi. A cette heure de la journée, trois pasteurs anglais du Canada, un quatrième de la Nouvelle-Écosse et trois autres personnes se réunissaient

avec nous dans une cabine destinée à deux passagers, et où nous parvenions à nous caser au
nombre de neuf. Le chant des louanges du Seigneur, la prière et la lecture de la Bible compo-
saient invariablement le service de ces heures de
recueillement : quelles étaient bonnes et douces !
que de calme elles donnaient, et quelle confiance
elles inspiraient ! Combien précieuses aussi ne
sont pas ces relations, quoique passagères, formées sur l'Océan, entre frères et sœurs, double-
ment *étrangers et voyageurs* sur cette terre,
cherchant ensemble une meilleure patrie, et qui
probablement ne se reverront que dans la Ca-
naan d'en-haut !

Un de nos plus vifs désirs, en nous rendant
aux États-Unis, après celui de revoir une famille
chérie, était de faire connaissance personnelle
avec un homme dont les amis de la Société des
Missions évangéliques de Paris ont sans doute
lu le nom dans le *Rapport annuel* de la Société,
au bas de la liste des membres du comité : c'est
M. S.-V.-S. Wilder, de New-York. Il y a trente-
cinq ans, M. Wilder était établi à Paris, comme
négociant. A cette époque, le réveil religieux

commençait à peine parmi nous. Il n'y avait alors dans la capitale ni Société biblique, ni Société des Missions, ni Société des Traités, etc. Le nombre des personnes qui avaient à cœur l'avancement du règne de Dieu était fort restreint; elles étaient de plus timides, et n'osaient guère se livrer à l'espérance de voir les choses dont nous sommes témoins aujourd'hui. M. Wilder les encourageait, en leur parlant de ce que les chrétiens faisaient dans sa patrie, et il les exhortait à ne pas mépriser *le temps des petits commencements.* Son salon servait de lieu de réunion à la petite assemblée ; il était le rendez-vous ordinaire des voyageurs pieux en passage ou en séjour à Paris ; on y priait pour le réveil de la foi et de la charité au sein de nos Églises à cette époque singulièrement languissantes, pour n'en rien dire de plus. Depuis lors, l'esprit de Dieu a soufflé sur *les os secs.*

Avant son départ de Paris pour retourner dans sa patrie, M. Wilder a eu la joie de voir se former les Sociétés dont j'ai parlé plus haut, et il n'a pas cessé, de l'autre côté de l'Atlantique, d'en suivre avec une tendre sympathie le développement et les progrès. Nous avons été voir cet excellent frère à Élizabeth-Town, dans l'État de New-Jersey, où il vit retiré, entouré d'une nombreuse famille qui l'aime et le vénère. Nous lui avons donné des détails qu'il ne connaissait pas sur l'état actuel de la religion, des Églises et des Sociétés chrétiennes en France, et à Paris en particulier. Le visage de ce vénérable vieillard s'est illuminé d'une pieuse joie, et ses yeux se sont remplis de douces larmes, quand nous lui avons fait le récit de quelque conversion remarquable, ou décrit l'origine de quelque œuvre évangélique qui a grandi et prospéré depuis son départ, surtout quand nous lui avons parlé de l'extension et de l'affermissement des Sociétés à la fondation desquelles il a si puissamment contribué, et aux débuts humbles et timides desquelles il a assisté. Nous avons passé près de deux jours avec lui : il ne se lassait ni de nous entendre, ni de nous adresser de nouvelles questions sur tous ses amis, qu'il n'a point oubliés. « Que je suis heureux ! répétait-il ; que vous me faites de bien en me racontant ces choses ! » Il nous semblait que nous nous trouvions en présence d'un nouveau Siméon bénissant le Seigneur de ce qu'avant *de s'en aller en paix*, la faveur lui était accordée de contempler, quoique de loin, la marche progressive en France de cet Évangile de salut, dont l'extension avait été l'objet de ses efforts et de ses plus ferventes prières.

VII

ENCORE QUELQUES OBSERVATIONS

ET FAITS DIVERS.

Au bout de quelques semaines de séjour aux États-Unis, quand on a un peu observé ce qui se passe autour de soi, et un peu causé avec des personnes de diverses professions et positions sociales, on reçoit une impression singulièrement favorable de l'état de la société américaine. Personne n'y met en doute que la constitution établie ne soit la meilleure possible pour le pays, parce qu'elle est parfaitement adaptée à ses mœurs, à ses sentiments, à son génie. Ni la forme du gouvernement, ni les lois qui lui servent de base, ne sont sujettes à la moindre discussion, à la plus légère contestation. Le citoyen des États-Unis est aussi sûr d'avoir les plus belles et les meilleures institutions politiques et sociales, qu'il est certain d'avoir reçu en don de la Providence le plus vaste et le plus riche pays de l'univers. Il est heureux et fier à la fois d'être né Américain et de vivre en Amérique, sous l'égide des lois qui garantissent sa liberté et favorisent le développement de toutes ses facultés intellectuelles et morales. Libre et satisfait, il travaille avec joie dans le présent, il contemple d'un regard assuré l'avenir, il rêve pour sa patrie les plus hautes destinées. Ce double sentiment de l'amour de la patrie et de la confiance dans ses institutions, est celui qui fait les sociétés vraiment fortes et libres. L'Amérique a conçu de grandes choses, elle en exécutera de plus grandes encore, parce qu'elle croit et qu'elle espère. *Possunt quia posse videntur.*

Ces réflexions se sont surtout présentées à notre esprit le jour de la fête solennelle de l'*Indépendance* nationale, qui se célèbre jusque dans les plus petits villages de l'Union. Le matin, toùte la population de Boston s'était pressée dans les Églises pour rendre grâces à Dieu; le soir, deux cent mille personnes circulaient paisibles et heureuses sur l'immense promenade de la ville (*Common*), sans qu'aucun gendarme fût nécessaire pour maintenir l'ordre au milieu de cette foule, sans qu'aucun soldat eût dû être appelé pour la surveiller. A la vue de tant de calme et de tant de force, nous avons senti nos yeux se mouiller de larmes, et nous nous sommes pris à souhaiter à tous les peuples de la terre, non sans doute la république, qui, bonne ici, peut être fort mauvaise ailleurs, mais le patriotisme, mais les vertus sociales, mais l'amour de l'ordre et de la liberté, mais la concorde des citoyens, qui créent et conservent les grandes nations et rendent les peuples heureux, quel que soit d'ailleurs le régime politique sous lequel ils vivent.

Un autre trait saillant des mœurs américaines est le respect pour la femme. On a remarqué que le citoyen des États-Unis ne se distingue pas précisément par la politesse des mœurs et l'élégance des manières. Il a dans le caractère quelque chose de raide et de fier, assez d'accord avec l'origine et la nouveauté de la nation à laquelle il appartient, comme aussi avec l'étendue et la variété des travaux et des entreprises qui sollicitent incessamment l'exercice de son activité. Chose étonnante ! cet homme, dont la vertu tient un peu du stoïcisme chrétien des puritains ses ancêtres, devient doux comme un petit enfant en présence de la femme. Sur toute la surface de l'Union américaine, la femme est protégée et gardée par les mœurs publiques. De la Nouvelle-Orléans jusqu'au Canada, de New-York à la Californie, une jeune fille, une jeune épouse, peut voyager *seule* sans courir le moindre danger. Non seulement ses parents peuvent être assurés qu'elle sera respectée dans son honneur et honorée dans sa vertu, mais ils savent en outre que, dans les wagons des chemins de fer, comme à la table-d'hôte des auberges, on lui donnera toujours la première et la meilleure place, et que si elle a besoin d'un service ou si elle se trouve dans quelque embarras, elle rencontrera dix personnes au lieu d'une, empressées

à lui venir en aide de la manière la plus désinté-
ressée. L'Américain n'est pas galant, mais la
Bible lui a inspiré un sentiment meilleur. De
même que dans l'état civil, elle lui a fait trouver
le sage tempéramment de l'ordre et de la liberté,
de même dans les rapports sociaux, dans l'union
conjugale et dans la vie privée, elle lui a enseigné la vraie nature des sentiments que l'homme
doit avoir pour la femme, respect digne, protec-
tion affectueuse, empressement dévoué et plein
de réserve, partout et toujours.

Il n'y a pas en Amérique, à beaucoup près, la
même distance qu'en Europe, entre les différentes
classes de la société. Cela tient surtout à ce que
l'instruction y est plus généralement répandue
que chez nous, et à ce que le christianisme évangélique, professé et pratiqué par une grande partie de la nation, tend à rapprocher les conditions
sans les faire disparaître. Le dimanche, vous dis-
tinguez à peine l'ouvrier, l'artisan, le cultiva-
teur, du gentleman proprement dit. Tous sont
bien vêtus, ont une tenue convenable, et se
pressent dans les Églises, où ils se confondent.
Je disais un jour à un ami : « Vos Églises amé-

ricaines me plaisent beaucoup; je n'y trouve qu'un seul défaut, c'est qu'elles me font l'effet d'Églises composées de riches uniquement. » — « Détrompez-vous, me répondit celui-ci ; le costume vous fait illusion. Sous ces habits noirs il y a des maçons qui ont tenu la truelle, des forgerons qui ont levé le marteau et des mécaniciens qui ont manié la lime toute la semaine; et, sous ces chapeaux de dames, il y a des femmes de chambre et des couturières qui, une fois chez elles, reprendront humblement les fonctions de leur état. »

En effet, le fermier américain, quand il a quitté ses champs et qu'il est rendu à la vie de famille, a toutes les habitudes et cultive la plupart des goûts du gentleman. Il lit les journaux et possède une bibliothèque. Sa maison est confortablement tenue et meublée. Au salon, dans les heures de loisir, vous verrez sa femme et ses filles travaillant autour d'un guéridon où sont disposés en ordre des *album* et des *keepsake*. Entrez en conversation avec lui, vous le trouverez prêt à suivre un entretien où ni le jugement, ni certaines connaissances générales ne feront défaut. Parlez-lui surtout de son pays, et vous entendrez l'éloge chaleureux et éloquent qu'il saura vous en faire. C'est que le bien-être vient ici en aide à l'instruction, comme l'instruction, de son côté, sait créer le bien-être et le maintenir.

Dès que l'Irlandais catholique, qui meurt de faim dans son pays où il trouve à peine des pommes de terre pour se nourrir, a débarqué sur le continent américain, il y gagne des journées de 5 francs pour le moins, et le plus souvent il reçoit un salaire de 7 fr. 50 c. par jour. Faut-il s'étonner après cela de l'aisance et de la richesse qui règnent partout, dans un pays où la mendicité est presque inconnue?

La richesse commerciale et le progrès industriel des États-Unis se retrouvent dans l'intérieur des habitations. On ne s'y refuse aucune des commodités, aucun des agréments de la vie civilisée. Il est peu de maisons bourgeoises où vous ne trouviez à discrétion, dans chaque pièce de l'appartement, de l'eau chaude et de l'eau froide à toutes les heures du jour; à côté de la chambre à coucher, une baignoire en marbre blanc toujours disposée pour le bain, sans qu'il soit besoin d'appeler de domestique pour s'en servir; le gaz dans toutes les chambres et jusque dans les cabinets; des calorifères chauffant la maison du bas en haut; des tapis partout, jusque dans les escaliers et les corridors; le reste à l'avenant. Un Parisien, quelque Parisien qu'il soit, s'étonne de tant de comfort et de tant de luxe, et il ne peut s'empêcher de se demander, si, lorsqu'ils viennent visiter notre continent européen et même notre Paris, ces Yankees, que l'on croit à moitié barbares ou à peu près, n'ont pas à souffrir quelque peu de ne trouver chez nous que comme une rare exception les avantages multipliés d'une industrie appliquée à tous les besoins de la vie, et que l'on rencontre partout chez eux, comme la chose la plus commune.

Passez la limite qui sépare les États-Unis du Canada, tout change de face, sous ce rapport et à l'égard de beaucoup d'autres. Sur la frontière américaine, comme dans l'intérieur du pays, vous êtes témoin d'une activité quelquefois fébrile : ce sont des fonderies, des usines, des

manufactures partout; ce sont, à perte de vue,
des forêts abattues, un sol fertilisé, des chemins
de fer traversant montagnes et lacs, des bateaux
à vapeur glissant comme la flèche sur les canaux
et les rivières, et, pour résultat de tant de travaux de la pensée et d'efforts des bras, une
prospérité visible, une aisance générale. Dès
que vous avez mis le pied sur le Canada, on
dirait une autre contrée, et même un autre
monde. De Rouse's-Point, à l'extrémité du lac
Champlain, jusqu'à Montréal, que voit-on? Des
plaines immenses à peine cultivées, des arbres
secs et dépouillés, que personne n'a songé à
abattre, et dont l'aspect désagréable répand un
air de désolation sur tout le pays; des maisons
de paysans plus semblables à des huttes africai-
nes de Béchuanas qu'aux demeures d'hommes
civilisés; une population ignorante, chétive, mi-
sérable, sans énergie comme sans industrie, se
traînant de génération en génération dans l'or-
nière de la routine de ses pères, et construisant
le four à cuire le pain au-delà de la grande
route et vis-à-vis de la ferme, comme le faisaient
les premiers colons français qui vinrent, il y a

deux ou trois siècles, explorer le pays. Les habitants du Canada sont en grande majorité catholiques romains, c'est tout dire; ils vivent de plus sous l'influence peu civilisatrice d'un clergé qui ne brille pas plus par ses lumières que par son zèle. Qu'ajouter à cela? Au fruit on reconnaît l'arbre. En traversant le canal qui sépare l'Angleterre de l'Irlande, comme en passant en Suisse d'un village protestant dans un village catholique, on peut juger de l'influence de l'une et de l'autre religion sur l'état politique et social des populations qui les professent. Entre *Rouse's-Point,* sur la limite américaine, et *la Grande-Ligne,* l'un des premiers villages que l'on rencontre en Canada, le contraste est plus frappant encore, s'il est possible. Vous avez, à quelques lieues de distance, deux *specimen* bien caractérisés de la prospérité d'un pays protestant et de la misère d'un pays catholique. Un écrivain religieux appartenant à l'Eglise grecque, s'est moqué tout récemment, d'une manière assez spirituelle, mais fort injuste selon nous, de ceux qui prétendent prouver l'excellence de la religion par les biens temporels qu'elle procure aux hommes (1). Il est possible, sans doute, d'exagérer les considérations tirées de cet ordre de choses, et sous ce rapport nous sommes d'avis qu'il faut garder une certaine mesure, et ne pas pousser l'argument trop loin. On nous persuadera difficilement toutefois que la barbarie moscovite, la misère irlandaise, la stagnation morale des États italiens et tel autre phénomène social constant, puissent jamais être invoqués, comme preuves convaincantes, en faveur de la religion dominante dans ces divers pays (2).

Quand, en pénétrant dans le Canada, nous avons entendu des accents français frapper nos oreilles, et nous rappeler, à s'y méprendre, le langage des paysans normands ou bretons, nous avons éprouvé, si loin de la patrie, une émotion aussi facile à concevoir que difficile à décrire.

(1) *Quelques mots, par un chrétien orthodoxe, sur les communions occidentales*, etc. Paris, 1853.

(2) Dans un discours prononcé à Paris, vers la fin de l'année dernière, nous avons cherché à établir, d'une manière plus étendue et plus complète, un parallèle entre les nations protestantes et les nations catholiques, au point de vue de la prospérité sociale. Voir pages 21 à 27 du Sermon intitulé : *Le Protestantisme dans la société*, etc. 1853. Chez Grassart, libraire, rue de la Paix, 11.

Mais, après un moment d'entretien avec ces bons mais ignorants Canadiens, nous nous sommes bientôt aperçus qu'ils connaissaient à peine de nom cette France, d'où sont venus leurs ancêtres. Sous le régime de l'Église romaine, ils sont descendus si bas, que l'énergie morale et l'activité industrielle des colons anglais, leurs concitoyens, ou des colons américains, leurs voisins, n'ont pas même la puissance d'éveiller en eux une honorable jalousie et de les arracher à l'inconcevable apathie qui les perd. Alors nous aurions voulu qu'ils ne parlassent pas français, et nous avons été tenté de souhaiter qu'ils ne se rattachassent par aucun lien à ce pays de leurs pères, auquel ils sont bien loin de faire honneur. Mais cette impression n'a été que passagère, et nous nous sommes hâtés de former pour eux un vœu plus digne à la fois d'eux et de nous. Nous avons demandé à Dieu que la double action des nombreuses Églises évangéliques anglaises établies dans le pays, et celle des deux missions suisses (i) entreprises en leur faveur,

---

(i) Voir l'Appendice à la fin du volume.

depuis de nombreuses années, se fit sentir aux Canadiens parlant la langue française, de manière que, par la vérité, ils vinssent à la conversion, par la conversion à la vie, par la vie à la régénération intellectuelle et morale, et par celle-ci à la régénération sociale ; car ils ont grand besoin de l'une et de l'autre.

Nous ne pouvions pas passer à la *Grande-Ligne* sans visiter la mission suisse de cette localité. Nous y avons été reçus d'une manière toute fraternelle par l'excellente Mme Feller, de Lausanne, fondatrice de l'établissement, par M. le pasteur Normandeau, Canadien converti, par M. le professeur Roux, de Marseille, et par leurs épouses. Quelle abnégation, quelle patience, quel amour, quelle foi ne supposent pas de longs travaux entrepris, poursuivis avec une persévérance qui ne s'est jamais démentie, dans une contrée où il faut lutter non seulement contre l'opposition opiniâtre des prêtres, mais encore contre la résistance d'inertie d'un peuple figé dans son immobilité ! Rien absolument, ni dans la société qui les environne, ni dans l'état de choses qu'ils ont sous les yeux, n'est de nature à récréer l'esprit ou à renouveler les forces morales de ces fidèles serviteurs et de ces pieuses servantes de notre Dieu. L'établissement de la Grande-Ligne est donc une mission dans le sens le plus strict du mot. Pour nous, il a été une véritable *oasis* au milieu du désert canadien ; pour nos amis chrétiens, il est une prison volontaire à laquelle ils se sont librement condamnés par amour pour le Seigneur et les âmes qu'ils désirent lui gagner. Les frères et les sœurs dont nous venons de parler s'occupent surtout de l'instruction de l'enfance dans leurs écoles, et concentrent de plus en plus leurs soins et leurs travaux dans l'œuvre de l'éducation de la jeunesse, au sein du pensionnat qu'ils ont fondé.

La génération actuelle passera probablement, sans avoir subi l'influence quelque peu générale de ce levain évangélique que nos frères ont jeté dans la masse de la population. S'il y a quelque espoir à fonder, il est presque tout entier dans la génération nouvelle qui s'élèvera et grandira à l'ombre salutaire de l'arbre né du grain de senevé qu'ils ont planté au désert.

En nous séparant des membres de la mission

canadienne de *la Grande-Ligne*, nous sommes
allés nous embarquer à Burlington, d'où nous
devions traverser dans toute sa longueur le beau
lac *Champlain*. Cette navigation a duré près
d'un jour. Le splendide bateau à vapeur qui nous
portait nous a fait passer sous les ruines de plus
d'une citadelle bâtie et défendue autrefois par
des Français. Le fort du *Carillon*, dont il ne
reste plus aujourd'hui que l'enceinte à peine visible, a surtout attiré notre attention par sa position admirablement choisie et par ses redoutes
imprenables. Adossé à la montagne, il était
défendu de trois côtés par le lac (*k*). Que d'actes
de bravoure accomplis dans ces lieux, sans résultat durable ! Que d'héroïsme dépensé en pure
perte dans un pays ou nous ne possédons plus
un seul pouce de terre ! Le Canada et toutes les
côtes du St-Laurent, les grands lacs et leurs
environs, le Mississipi et ses rives fertiles jusqu'à la Nouvelle-Orléans, le lac Champlain, le
lac Georges et toutes les terres qui les avoisinent,
appartenaient autrefois à la France. Ces richesses

(*k*) Voir l'Appendice à la fin du volume.

et tant d'autres, nous les avons perdues ! Nous savons si vaillamment conquérir; pourquoi donc sommes-nous si inhabiles à conserver et si peu aptes à coloniser ? Ces notes, rapidement tracées, et qui touchent à leur fin, renferment la réponse à cette question. Nous avons, comme peuple, des qualités précieuses que d'autres nations ne sauraient revendiquer; ce qui nous manque essentiellement, ce sont les lumières et la vie que donne la Parole de Dieu, la Parole de Dieu sérieusement méditée et chrétiennement mise en pratique. La Bible seule, en effet, fait les peuples vraiment moraux, disciplinés, énergiques, persévérants, actifs, infatigables au travail, parce qu'ils se sentent responsables; responsables, parce qu'ils se sentent libres.

VIII

CONCLUSION.

Avant de clore la série de nos observations sur les États-Unis, nous tenons à revenir sur quelques réserves que nous avons eu déjà l'occasion de faire dans le cours des chapitres précédents.

Et d'abord nous n'avons pas eu la prétention de juger en quelques mois un pays immense qu'il aurait fallu un an au moins pour apprendre à bien connaître. Nous ne l'avons point exploré dans toutes ses parties; nous en avons vu à peine quelques contrées, et c'est celles-ci que nous avons eu surtout en vue en écrivant. Ces États sont le Massachusetts, Connecticut, Rhode-Island, Vermont, New-York, Pensylvanie et New-Jersey.

Ensuite, ces États se trouvant compris pour la plupart dans la Nouvelle-Angleterre, c'est-à-dire appartenant à la partie de l'Amérique du Nord la plus anciennement colonisée, et par conséquent la plus éclairée et la plus avancée dans la civilisation, il n'est pas étonnant que nous en ayons dit beaucoup de bien. Ce bien, nous l'avons vu, nous y croyons, et nous n'avons rien à retrancher des tableaux que nous en avons tracés. Naturellement, nous n'affirmons pas que tout soit aussi bien ailleurs. Il y a un grand nombre d'États qui sont d'une origine plus récente, et où le progrès religieux, moral et social n'est pas aussi marqué. Nous ne les avons pas visités, par conséquent nous n'avions rien à en dire. Il n'est pas douteux qu'il n'y ait en Amérique du mal et même beaucoup de mal; il y en a partout; mais ce mal ne nous a pas particulièrement frappé, et il nous a paru qu'il était contre-balancé par beaucoup de bonnes et chrétiennes institutions. Pourquoi aurions-nous pris plaisir à relever des faiblesses ou des ridicules, quand nous pouvions édifier nos lecteurs par des récits d'une autre nature? Il n'est pas nécessaire d'aller en Amérique pour trouver matière à la critique. Nous avons nos misères en Europe, à nos portes, en nous-mêmes. Ce que l'on demande surtout d'un voyageur qui revient d'un pays situé au delà de l'Atlantique, c'est de décrire ce qui l'y a particulièrement intéressé, frappé, réjoui, et c'est à cette curiosité raisonnable que nous avons cherché à satisfaire dans la mesure de notre faible capacité.

Nous répétons, enfin, que la sphère dans laquelle nous nous sommes renfermé, c'est celle de la religion et de la morale. Il ne nous appartenait pas de nous étendre au delà de ces limites, et quand nous l'aurions pu faire, le temps nous eût manqué pour cela. Ainsi nous n'avons pas dit que les Américains excellassent dans les arts, et que l'on trouvât chez eux les plus habiles architectes, les meilleurs peintres, les plus grands sculpteurs et des artistes distingués en musique. Les Américains aiment les arts; mais l'art est encore chez eux à l'état d'enfance. Nous n'avons point avancé que les Américains eussent une littérature complète; ils aiment les lettres; mais les lettres, chez eux, ont à se faire l'avenir que nous trouvons en Europe dans notre passé. Nous n'avons point soutenu que la civilisation américaine eût atteint à la perfection : c'eût été tout simplement absurde. Ne sait-on pas que, chez eux, la civilisation date d'un siècle à peine, et qu'elle n'est guère qu'en voie de formation ? Nous n'avons point affirmé enfin que, pour tout ce qui tient à la politesse des mœurs et aux agréments de la société, les Américains pussent dès à présent déjà satisfaire à tous les besoins que la vie sociale a créés et développés chez un habitant de l'ancien monde.

Ce que nous avons simplement affirmé et ce que nous soutenons encore, c'est que les citoyens des États-Unis d'Amérique possèdent à l'heure qu'il est ce qui fait les sociétés puissantes et les grandes nations : ils ont le christianisme biblique répandu dans les masses, des Églises évangéliques florissantes, un profond amour de la patrie, une confiance sans bornes dans leurs institutions politiques, des vertus civiles incontestables, une grande énergie et une persévérance à toute épreuve. Avec ces qualités on a pour soi le présent et l'avenir, et l'on peut se passer de beaucoup de choses que nous regardons en Europe comme absolument nécessaires et sans lesquelles nous ne concevons pas la civilisation chrétienne. La civilisation dans beaucoup de pays de l'Europe peut être comparée à un vaste édifice, aux formes pleines de grâce et aux lignes harmonieuses, mais dont les bases sont en voie de fléchir depuis longtemps. Les Américains ont posé un fondement solide, le seul solide, et ils sont occupés à élever sur cette base un grand et durable édifice. Ils ont le fond, nous avons la forme; nous avons les apparences, ils ont la réalité. Cette réalité est grossière et brute encore, si l'on veut, à beaucoup d'égards; mais elle est douée d'une puissance de vie intérieure qui est destinée à la développer et à l'organiser de plus en plus.

Dans tout cet écrit, nous n'avons pas touché à la question de l'esclavage, et si nous terminions sans l'aborder, on pourrait à juste titre nous accuser de partialité. L'esclavage, il n'est pas nécessaire de le dire, est la grande plaie des États-Unis. C'est le seul point peut-être par lequel cette grande nation soit vulnérable, c'est le seul aussi, ou du moins le principal, qui fasse trembler ses amis. Nous n'avons point été dans les États à esclaves; nous n'avons passé que dans ceux où les noirs sont libres. Par conséquent nous ne pouvons répéter que ce que nous avons entendu dire sur ce sujet.

Toutes les personnes pieuses et en général tous les hommes éminents dans les lettres et dans l'État, avec qui nous nous sommes entretenu sur la question de l'esclavage, sont unanimes à déplorer cet état de choses. Ils considèrent tous, sans exception, l'esclavage non seulement comme un fléau pour leur pays, mais encore comme un crime au point de vue de la morale et du christianisme. Leur opinion sur ce point est à tous égards celle des hommes chrétiens, moraux, sensés en Europe. Ils voudraient tous voir l'esclavage aboli dans le Sud, comme il a disparu dans le Nord. Mais il leur paraît, en même temps, que la chose est pour le moment impossible. Voici à cet égard leur manière de voir;

nous n'en sommes ici que l'interprète, sans songer un moment à nous en faire l'apologiste.

L'esclavage des noirs n'est pas américain; il est anglais. C'est sous l'administration anglaise qu'il a été introduit dans le Sud de l'Union : triste et fatal héritage que nous avons reçu de nos anciens maîtres. Comment y mettre un terme ? Le pays, sous ce rapport, est partagé en deux parties parfaitement égales. Le Nord n'a plus d'esclaves et n'en veut pas avoir, tandis que le Sud les veut conserver. Dans le Congrès, il y a peu d'espoir d'arriver à une solution prompte de cette inextricable difficulté; car la moitié des députés qui représentent les Etats du Nord, et qui, dans cette position, inclineraient à demander et à voter l'abolition de l'esclavage, rencontrent dans l'autre moitié du Congrès, qui se compose des représentants des États du Sud, des hommes qui n'ont pas reçu et qui n'auraient pas voulu accepter le mandat de consentir à l'affranchissement des noirs. Et quand la question serait assez avancée pour que l'on pût s'occuper des moyens d'exécution, qui fera la dépense de cette importante mesure ? Les citoyens du Nord

9

indemniseront-ils seuls les citoyens du Sud, ou les citoyens du Sud feront-ils le sacrifice de la moitié du chiffre de l'indemnité en faveur des citoyens du Nord? Le déchirement de l'Union, et peut-être la guerre civile, sont deux éventualités menaçantes incessamment suspendues à la solution de cette fatale question.

L'émancipation des noirs était, comparativement, facile en Angleterre. Un Parlement homogène et plus ou moins désintéressé dans la question, a pris une grande décision qui était sympathique à l'opinion de la majorité du peuple. En outre, le Parlement britannique avait à trancher une difficulté qui ne devait se résoudre définitivement que dans des possessions coloniales situées à deux mille lieues de la mère patrie. Pour nous, non seulement nous sommes divisés entre nous sur le problème lui-même, mais c'est dans le sein même de notre pays que trois millions de nègres, ignorants, dégradés, paresseux et sans énergie, pour la plupart, devraient être libérés. Nul doute que leur affranchissement subit n'ouvrît, pour leurs maîtres, l'ère d'une ruine totale, et pour eux-mêmes celle d'un état de misère

dont il est difficile de prévoir les dernières con-
séquences.

Les personnes qui, comme Mme Beecher
Stowe, plaident avec l'énergie d'une conviction
profonde la cause de l'abolition immédiate, ne
sont pas toujours parfaitement vraies dans leurs
appréciations de l'esclavage dans les États du
Sud. Les noirs y sont très paternellement traités
par des maîtres bienveillants; ils ne seraient
guère plus heureux quand ils jouiraient de toute
leur liberté. Les cas de brutalité et de tyrannie
sont rares, si rares, que dans un siècle on en
trouve à peine un seul. Les abolitionnistes font
beaucoup moins de bien qu'ils ne pensent au
moyen de leurs attaques véhémentes et de l'agi-
tation qu'ils entretiennent. Ils retardent plus
qu'ils n'avancent la solution de l'énigme que les
hommes modérés voudraient eux-mêmes pouvoir,
si cela dépendait d'eux, trancher d'un seul coup.
Ils irritent les propriétaires d'esclaves, les rendent moins traitables, les affermissent dans leurs
préjugés, les portent à pousser toujours plus
loin leurs prétentions, et ainsi ils ajournent in-
définiment l'heure de l'émancipation. Sans le

livre de Mme Beecher Stowe, l'esclavage n'existe-rait peut-être plus, à l'heure qu'il est, dans la Virginie et le Kentucky. La Providence peut seule, par les événements qu'elle fera surgir elle-même, dénouer ce nœud gordien. En voulant prévenir et précipiter, par des mesures hardies et brusques, une révolution sociale qui est l'objet de tous les vœux, on risquerait de compromettre et le présent et l'avenir de la patrie.

Voilà ce que nous avons entendu dire dans les États du Nord. Encore une fois nous ne sommes ici que l'écho de l'opinion de nos frères américains qui ne sont pas abolitionnistes; car les abolitionnistes, comme Mme Beecher Stowe et ses amis, ne veulent entendre parler ni d'ajournement ni de moyens termes.

Si maintenant l'on nous demandait notre opinion personnelle sur la question, nous dirions que nous sommes revenu des États-Unis ennemi, comme anparavant, de l'esclavage, que nous avons détesté, que nous détestons, que nous détesterons toujours. Mais peut-être sommes-nous plus disposé à tenir compte des obstacles réels que rencontrent dans l'exécution les Américains, placés, il faut en convenir, en présence d'une immense et incalculable difficulté. Cependant, tout en faisant la part, et une part aussi large que possible, des obstacles qu'ils ont à vaincre pour faire disparaître de leur pays une plaie qui le ronge et qui ne lui fait pas honneur aux yeux des nations européennes, nous avouerons franchement que nous les avons trouvés un peu trop faciles, peut-être, à cet égard. Ils nous ont paru prendre trop aisément leur parti d'un état de choses qu'ils sont impuissants à changer ; et, sous prétexte que la Providence peut seule les tirer de ce pas difficile et dangereux, ils ne s'occupent peut-être pas assez des moyens de préparer l'état de choses nouveau, qu'ils ne demandent pas mieux que de voir surgir des complications du présent.

En religion, il y a deux systèmes impossibles à concilier en apparence : le quiétisme, qui, sous prétexte que Dieu seul agit et agit puissamment, se croise les bras et attend le secours de sa grâce ; et l'arminianisme, qui, partant du principe que l'homme est appelé à coopérer avec Dieu, compte plus sur lui que sur la force d'en-haut, et stimule l'activité humaine au détriment du recours à la grâce divine. Il nous semble que les chrétiens d'Amérique pourraient trouver un terme moyen entre ces deux voies extrêmes. Tout en comptant avant tout et par-dessus tout sur la Providence divine dans là question de l'abolition de l'escla-vage, ils pourraient peut-être s'ingénier et dé-ployer un peu plus d'activité pour amener insen-siblement, mais le plus promptement possible, la fin d'un mal énorme qui ne peut pas plus se justifier au point de vue de la morale humaine que de la loi divine.

Si les citoyens de l'Union américaine ne se montrent pas aussi empressés que nous le vou-drions d'émanciper les noirs, ou du moins de préparer l'heure de leur émancipation, ils n'en portent pas moins dans le fond du cœur un ar-dent amour pour la liberté.

Le trait dominant du caractère national à cet égard, c'est une sorte de passion de la liberté, de toutes les libertés, de la liberté religieuse aussi bien que de la liberté politique. Jaloux de l'une et de l'autre, le citoyen des États-Unis n'a pas oublié que c'est pour venir chercher dans les déserts du Nouveau-Monde le droit qui leur était refusé dans leur patrie de servir Dieu suivant leur conscience, que ses ancêtres ont quitté leur pays natal et choisi volontairement l'exil au delà des mers. En même temps, il est profondément convaincu que la liberté civile n'a pas de meilleure garantie, de plus solide base que la liberté religieuse, et que restreindre ou frapper la liberté religieuse, c'est ébranler ou ruiner du même coup la liberté civile. Aussi la liberté de conscience et de culte, sans restriction aucune, règne-t-elle sur toute l'étendue des États-Unis; aucun culte n'y est privilégié; tous y sont également protégés et libres. Le prêtre catholique y bâtit sa chapelle et y célèbre sa messe, du même droit et aussi paisiblement que le pasteur protestant, de toute dénomination, y ouvre son Église et y prêche l'Évangile. On sait pourtant qu'aux États-Unis les catholiques romains sont à la population protestante dans la proportion de un à cinq. Et quelle population protestante, éclairée, convaincue, ardente, antipathique à l'Église romaine par principe, par habitude et par tradition! Malgré cela, on ne citerait pas un exemple, un seul exemple de persécution ou d'intolérance contre la religion de la minorité, soit de la part de l'État, soit de la part des citoyens. C'est par la parole et la conviction que l'on combat, en Amérique, ce que l'on regarde comme une erreur en religion, et non par la violence ou en appelant à son aide le bras séculier, comme on n'hésite pas à le faire ailleurs.

Quelques amis nous avaient demandé de leur donner le résumé de nos observations de voyage : qu'ils nous en pardonnent les imperfections. Nous avons rédigé ces notes, ils le savent, au milieu des travaux d'un ministère laborieux et des préoccupations d'une vie peut-être trop remplie. Toutefois, nous ne pouvons poser la plume sans rendre un cordial hommage à l'hospitalité affectueuse et chrétienne de nos frères américains. Qu'ils reçoivent ici l'expression publique de notre sincère gratitude. Nous n'avons pas pu leur faire sentir, à tous, jusqu'à quel point nous avons été touchés de leur fraternel accueil, de leur empressement à nous être utiles, des marques nombreuses d'affection qu'ils nous ont données, et des heures bénies que nous rendons grâce à Dieu d'avoir passées sous leurs toits hospitaliers. Il nous serait impossible de dire à nos frères français tout ce que nous avons reçu de nos frères des États-Unis. Un lit, une table, un cœur ouvert et amical, c'est la monnaie courante qu'en fait d'hospitalité l'on prodigue aux étrangers. Ils y ont ajouté mille services précieux et mille souvenirs tendres dont la mémoire demeurera inaltérablement gravée dans notre cœur.

APPENDICE.

APPENDICE

Note *a,* page 11. — LE NIAGARA.

La cataracte est partagée en deux parties par *l'île d'Iris* ou *de la Chèvre,* qui a 75 arpents de surface. La plus large partie de la chute est du côté du Canada, la plus petite du côté américain. La première a 164, la seconde 158 pieds de hauteur. On a calculé que la quantité d'eau, précipitée à chaque minute du haut de la cataracte, équivaut à 670,000 tonneaux.

A la fin de la dernière guerre entre les Anglais et les Américains, trois vaisseaux de guerre anglais, en station sur le lac Erié, avaient été déclarés impropres au service et condamnés à être détruits. On obtint la permission de leur faire faire le saut du Niagara. Le premier, mis en pièces par les rapides, arriva en morceaux au bord de la chute; le second se remplit d'eau avant que d'y toucher; mais le troisième qui était, à ce qu'il paraît, en meilleure condition, se comporta vaillamment et conserva

toutes ses formes avant d'être précipité et de se per-
dre dans le gouffre. Une récompense de 50 francs
avait été offerte à la personne qui apporterait le
morceau de bois le plus long qui pourrait être re-
trouvé de l'un ou l'autre de ces trois navires brisés ;
une autre de 25 francs pour le second, et ainsi du
reste. On n'en put retrouver qu'un fragment qui
avait un pied de long et qui était déchiré comme
les dents d'une scie.

En 1827, quelques individus se procurèrent un
grand *schooner* de 140 tonneaux, qui fut conduit à
une certaine distance des rapides, puis abandonné à
son sort. Les rapides sont formés par de nombreuses saillies de rochers, de deux à trois pieds de
hauteur, sur une étendue assez considérable de la
rivière qui, en cet endroit, descend sur un plan fortement incliné. En courant sur ces rocs avec une
grande vitesse, la rivière forme, avant la chute proprement dite, une multitude de petites cascades què
le *schooner* avait à passer avant d'arriver au bord de
l'abîme. Celui-ci traversa sans accident le premier
banc de rochers ; mais, à la seconde couche, ses
mâts s'inclinèrent, une voïe d'eau se déclara, il vira
de bord, et c'est dans cette position qu'il fit le saut
périlleux. Son beaupré fut le dernier point qui de-
meura visible au milieu de son naufrage. On ajoute
qu'il y avait à bord du *schooner*, entre autres ani-
maux, deux ours, qui, pressentant le péril, se jetè-
rent à l'eau et parvinrent à gagner la rive avant d'a-
voir atteint la catáracte.

Dans ses lettres sur l'Amérique, M. X. Marmier raconte, sous le titre de simple et véridique histoire, un événement tragique qui, s'il n'est pas un roman, est une catastrophe pleine de mélancolie.

« En 1829, un jeune étranger arriva au village de Niagara, dans l'intention d'y passer quelques jours. Les jours, les semaines, les mois s'écoulèrent; il s'en allait chaque matin s'asseoir en face des cascades, dans une muette contemplation; il y retournait le soir, et de plus en plus se plongeait dans sa solitaire rêverie, sous l'empire de la fascination de ces lieux.

« James Abbott, tel était son nom.

« Du reste, on ne savait ni d'où il venait, ni qui il était. Cependant on ne pouvait le voir sans être frappé de sa distinction, de sa physionomie, de sa grâce, de ses manières, et ceux qui avaient pu s'entretenir un instant avec lui, disaient qu'il avait beaucoup voyagé et beaucoup étudié; cependant ce n'était pas chose facile que d'entrer en relation avec lui. Il n'avait point le sombre abord du misanthrope, mais il fuyait toutes les réunions, s'écartait des chemins fréquentés, et restait seul dans sa demeure, seul sur la crète du coteau, seul sur la lisière des bois.

« Il avait demandé l'autorisation de se construire une cabane sur une petite île inhabitée qu'on appelle l'île des Trois-Sœurs. Elle lui fut refusée, je ne sais pour quelle raison. Il s'établit alors sur l'île d'Iris, et nul domestique ne le servait. Il préparait lui-même ses repas, vrais repas d'anachorète, si jamais il en fut ; un peu de farine bouillie et de l'eau, tel était son régime. Il était d'ailleurs d'une moralité austère. Pas un regard de jeune fille ne faisait scintiller ses yeux, pas un chant, pas une fête n'attirait son attention. — Avait-il trouvé au fond de la coupe des joies de la vie une telle amertume qu'il ne voulut plus y porter ses lèvres ?

« Était-il possédé par un regret qui lui rendait insipides les légers plaisirs du monde, ou par une passion qui fermait l'entrée de son cœur à tout penchant vulgaire ? C'est ce que l'on n'a pas su.

« Au mois de juin 1831, il sortit un matin pour aller se baigner dans la rivière, selon sa coutume, et le lendemain des pêcheurs ramenaient sur le rivage son corps inanimé qui avait été emporté par le courant à quinze milles de distance. Des Anglais, qui en ce temps-là se trouvaient au Niagara, se réunirent pour lui rendre les derniers devoirs, pour lui faire ouvrir une tombe sur le plateau qu'il aimait, en face de la cascade qu'il avait tant de fois contemplée. On apprit alors qu'il était Anglais, fils d'un honorable recteur de paroisse. Quant au secret qu'il gardait dans son âme, quant à la cause de sa profonde tristesse et de son isolement, personne n'a pu le dire. Pauvre James Abbott ! Lorsqu'il mourut il avait vingt-huit ans ! »

Mais voici qui n'est point un récit sujet à contestation, car nous en pouvons garantir la parfaite authenticité :

Quelques jours avant notre arrivée à Niagara, trois jeunes gens, s'étant engagés imprudemment sur ce fleuve dangereux, dans une légère embarcation, ont été entraînés par le torrent et précipités dans l'abîme. L'un d'eux était parvenu à s'accrocher à un vieux tronc d'arbre, à quelques pas du gouffre, et y est demeuré cramponné des pieds et des mains pendant dix-huit heures, dans la plus épouvantable des positions. Tous les moyens employés pour le sauver ont échoué. Le dernier mis en œuvre a accéléré sa perte. Un bateau que l'on voulait laisser arriver jusqu'à lui, au bout d'une corde, est venu le heurter si violemment, qu'il a été obligé de lâcher prise ; alors poussant un cri déchirant, il a levé ses deux mains au ciel, et a disparu dans le gouffre à la vue de milliers de spectateurs accourus, de trente à quarante lieues de distance, en chemin de fer, pour être témoins de cet horrible spectacle !

Nous avons vu nous-même, échoué au milieu des rapides, à l'endroit où l'infortuné a lutté si longtemps contre la mort, l'un des bateaux envoyés à son secours.

Note *b*, page 19. — VILLAGE DES INDIENS TUSCARORAS.

Dans l'avant-dernier rapport (1852) de la Société des Missions de Boston (*American Board of Commissionners for Foreign Missions*), on trouve les détails suivants (p. 157-159) sur la situation de la mission parmi les Indiens Tuscaroras, que nous avons eu le plaisir de visiter à quelques lieues de Niagara :

« Il y a un an, l'Eglise formée au milieu des Tuscaroras donnait peu d'encouragement.

« Mais quelque temps après l'assemblée générale de la Société, à Portland, il fut évident que le Seigneur y avait commencé une œuvre de grâce. Le premier dimanche de cette année-ci, cinq femmes furent reçues membres de l'Eglise. Dans le courant des mois de janvier et de février, le réveil s'étendit avec une puissance extraordinaire. Ses caractères étaient le silence et la solennité. « Je n'ai jamais « été témoin d'une œuvre de grâce aussi calme et aussi « profonde, écrivait en février M. Rockwood ; même « les jeunes convertis, pleins d'espérance, sont fermes « et assurés plutôt que livrés à un état d'extase. Dans « quelques cas, le calme et la douceur de l'expression « ont présenté un signe frappant de la paix intérieure « de l'âme. » Le premier dimanche de mars, trente-huit personnes furent reçues dans la communion de l'Eglise. Presqu'en même temps et dans les circonstances les plus touchantes, un vieux chef, qui avait vécu soixante-dix ans loin de Dieu, s'avança pour confesser le nom du Seigneur, ne laissant derrière lui que trois chefs sur dix qui ne fussent pas membres de l'Eglise, et un seul qui ne fût pas, par la profession, une nouvelle créature en Christ. Les autres furent introduits dans le bercail du Sauveur l'un des jours suivants ; de telle sorte que le nom-

bre total des membres nouveaux s'éleva à cinquante-
huit, et celui des communiants à cent dix, dont
cent quatre sont Indiens. Résultat admirable quand
.on le compare au chiffre des indigènes que peut atteindre le ministère du révérend Rockwood !

« Sous d'autres rapports, les progrès des Indiens sont encourageants. Ils font des pas rapides
dans l'industrie, l'éducation et la moralité. On ne
peut jeter les yeux sur leurs champs de blé, leurs
vergers, leurs moissons, leurs granges, leurs routes, leurs édifices publics, sans y découvrir des
preuves de leur capacité et de leurs habitudes d'é-
conomie, et l'intérieur de leurs maisons montre
que leurs femmes sont de bonnes ménagères qui ne
sont nullement adonnées à la paresse. M. Rockwood
leur rend aussi le témoignage que leurs manières
et leur tenue, surtout celles des nouveaux convertis,
ont subi un changement avantageux.

« Le dernier rapport enregistrait le fait que les
Indiens avaient construit de leurs propres mains et
à leurs propres frais, une maison d'école pour
Mlle Thayer, institutrice, qui demeure à deux ou
trois milles de M. Rockwood. Sentant vivement la
nécessité d'un pensionnat, la maîtresse d'école proposa aux chefs, au mois de janvier dernier, de lui
aider à agrandir son établissement. Ceux-ci y con-
sentirent de bon cœur, et se mirent de suite à préparer le bois pour une autre maison, qui sera
achevée dans peu de temps. Lors de la pose de la
charpente, le 14 juin, presque tous les Tuscaroras

étaient présents, et prêtèrent le secours de leurs
bras avec un joyeux empressement, sans en excepter
les femmes; ils n'avaient pas manqué non plus de
préparer des rafraîchissements pour la circonstance.

« Je ne pourrais décrire les émotions que j'éprouvai
« dans ce moment, écrivait Mlle Thayer, en présence
« de ce que mes yeux contemplaient, de ce que mes
« oreilles entendaient et de ce que mon cœur, plein
« d'espérance, entrevoyait dans l'avenir. »

« Deux écoles ont été en activité pendant une
partie de l'année, renfermant ensemble soixante-
et-un écoliers; le chiffre moyen des enfants présents
a été de trente. Plusieurs de ces écoliers ont subi
l'influence du réveil décrit plus haut......

« Les Tuscaroras ont adopté en plein, il y a quelques années déjà, la loi de l'Etat du Maine quant à
l'abstention totale de l'usage des liqueurs fortes. Ils
sont persuadés que les boissons fermentées détrui-
sent la santé, le bonheur et la vie; le sentiment moral de la tribu est fortement prononcé contre l'habitude des liqueurs.....

« Les Indiens se souviennent des nécessiteux de
leur tribu, et n'oublient pas leur devoir envers les
païens. Ils donnent à leurs pauvres nourriture, vê-
tement et chauffage, et leur aident à se bâtir de
bonnes maisons; lorsque ceux-ci sont malades ou
sur le lit de mort, ils leur témoignent un touchant
intérêt. Ils ont aussi aidé la Société des Missions,
l'année dernière, par différents moyens et pour une
valeur de 100 dollars environ (plus de 500 francs).

Toutefois, ils ont encore besoin d'instruction et
d'éducation pour porter et manifester tous les fruits
de l'Evangile, et pour suivre en tout l'exemple du
charitable Sauveur « qui, étant riche, s'est fait pau-
« vre pour nous, afin que par sa pauvreté nous fus-
« sions enrichis. »

Note *c*, page 32. — **UNIVERSITÉ DE CAMBRIDGE.**

Ceux de nos lecteurs qui s'occupent d'enseignement trouveront peut-être quelque intérêt aux détails statistiques suivants, qui pourront leur servir
de point de comparaison avec nos établissements
d'instruction publique :

En 1853, le nombre des professeurs de l'université
de Cambridge était de 43, ainsi répartis :

Ecole de théologie.	2
Ecole de droit.	3
Ecole de médecine. . . .	7
Ecole scientifique.	10
Collége.	21

Le nombre des étudiants se divisait comme suit :

Etudiants en théologie. . .	22
Id. en droit.	129
Id. en médecine. . .	119
Elèves de l'école scientifique.	48
Gradués résidents.	11
	329

329

Elèves du collége.

Classe des senior. .   .   .   ,   87
  Id. des junior.   87
  Id. des sophomore .   .   .   75
  Id. des freshmen. .   .   .   81
                           ——— 330

Total.   659

Pour être admis dans la classe des *freshmen*, qui est la quatrième du collége, c'est-à-dire celle par laquelle on y entre, on est appelé à subir un examen sur les matières suivantes :

Latin.

Virgile en entier.
Les *Commentaires de César* en entier.
Oraisons choisies de Cicéron.
Grammaire latine et prosodie.
Composition latine.

Grec.

Lecteur grec de Felton.
Grammaire grecque de Sophocle avec prosodie.
Exercices d'écriture grecque avec accents.

Mathématiques.

Arithmétique de Davies et de Hill.
Algèbre d'Euler ou de Davies, jusqu'à « l'extraction de la racine carrée. »
Introduction à la géométrie, jusqu'aux « proportions. »

Histoire.

Eléments d'histoire et de géographie de Worcester.

Après leur admission, voici le cours d'instruction que sont appelés à suivre les élèves des quatre classes du collége de Cambridge. Ce programme est celui de 1853 :

CLASSE DES FRESHMEN.

1er terme.

1. *Grec.* — Choix d'historiens grecs, par Félton. — Antiquités grecques. — Exercices de compositions grecques.
2. *Latin.* — Tite-Live. — Syntaxe latine. — Antiquités romaines. — Exercices de compositions latines.
3. *Mathématiques.* — Géométrie de Peirce.
4. *Histoire.* — République romaine d'Arnold.

2e terme.

1. *Grec.* — Continuation des leçons du 1er terme.
2. *Latin.* — Horace : Odes et Epodes. — Tusculanes de Cicéron et Songe de Scipion. — Le reste comme dans le 1er terme.
3. *Mathématiques.*—Trigonométrie plane et sphérique de Peirce.
4. *Chimie.* — Principes de chimie.

CLASSE DES SOPHOMORE.

1ᵉʳ terme.

1. *Rhétorique.* — Grammaire anglaise de Latham. — Rhétorique de Campbell, 2ᵉ et 3ᵉ livres. — Thèmes. — Elocution. — Orthophonie de Murdoch et Russell.

2. *Mathématiques.* — Algèbre de Peirce.

3. *Grec.* — *Iliade* d'Homère, 1ᵉʳ et 6ᵉ livres. — Prosodie de Munk. — *Ajax*, de Sophocle. — Grammaire grecque de Kuhner et Buttmann.— Exercices de compositions grecques.

4. *Latin.* — Satyres et épîtres d'Horace. — Syntaxe de Beck et grammaire de Zumpt. — Compositions latines.

5. *Chimie.* — Principes de chimie.

6. *Français.* — Méthode de Berteau. — *Charles XII,* de Voltaire. — Comédies de Molière.

2ᵉ terme.

1. *Rhétorique.* — Thèmes. — Elocution. — *L'Elocutioniste américain,* de Russell.

2. *Histoire.* — Moyen-âge.

3. *Mathématiques.* — *Courbes et Fonctions ;* le vol. I, jusqu'au chapitre ix.

4. *Grec.*—*Les Nuées* et *les Oiseaux,* d'Aristophane. — Prosodie de Munk.—Exercices de compositions grecques.

5. *Latin.* — *Brutus,* de Cicéron. — Exercices latins.

6. *Français.* — Mêmes livres que dans le 1ᵉʳ terme. — *Fables* de La Fontaine.

7. *Histoire naturelle.* — *Manuel de botanique,* de Gray.

CLASSE, DES JUNIOR.

1ᵉʳ terme.

1. *Philosophie.* — *Essais* de Reid sur l'Entendement humain. — Directions pour parler en public.

2. *Histoire.* — *Lectures* de Smith sur l'Histoire moderne.

3. *Physique.* — *Eléments d'astronomie* d'Herschell.

4. *Rhétorique.* — Thèmes et récitations.

5. *Histoire naturelle.* — *Principes de géologie* d'Agassiz et de Gould.

6. *Littérature grecque.* — Dissertations.

Études au choix (*).

1. *Arithmétique.* — *Courbes et Fonctions* de Peirce, vol. I.

2. *Grec.* — *Les Nuées* et *les Oiseaux,* d'Aristophane. — *Prosodie* de Munk. — Exercices de compositions grecques.

3. *Latin.* — *Annales* de Tacite. — Exercices latins.

4. *Allemand.* — *Grammaire et Exercices* de Tiark. — *Lecteur allemand,* de Roelker.

(*) *Elective studies*, études au choix ou facultatives. On entend par là des études parmi lesquelles chaque étudiant peut, à son gré, en choisir quelques-unes pendant le courant de l'année.

10

5. *Espagnol.*—*Grammaire et Exercices* de Josse.
—*Colmena espanola* de Scale.—*Fabulas literarias* de
Iriarte.

2ᵉ terme.

1. *Rhétorique.* — *Logique* de Whately. —Thèmes
et récitations.

2. *Physique.* — *Philosophie naturelle* de Lardner,
vol. II. — Electro-statique et électro-dynamique.

3. *Philosophie.* — *Philosophie des facultés actives
et morales de l'homme,* de Stewart.

4. *Littérature romaine.* — Lectures.

Etudes au choix.

1. *Mathématiques.* — *Courbes et Fonctions* de
Peirce, vol. I, fin; commencement du vol. II.

2. *Grec.* — Le *Gorgias* de Platon. — Exercices.

3. *Latin.* — *Amphitruo et Rudens,* de Plaute. —
Exercices.

4. *Allemand.*—Mêmes livres que dans le 1ᵉʳ terme.

5. *Espagnol.* — *Don Quichotte.* — Phrases et dialogues familiers.

6. *Botanique.* — Leçons.

9. *Minéralogie.* — Leçons.

CLASSE DES SENIOR.

1ᵉʳ terme.

1. *Philosophie.* — *Eléments de la morale,* de
Whewell.

2. *Histoire.* — Leçons.

3. *Rhétorique.* — *Rhétorique* de Whately. — Le-

çons sur la langue et la littérature anglaises. — Thèmes et récitations.

4. *Physique.* — *Philosophie naturelle* de Lardner (Optique).

5. *Littérature romaine.* — Leçons.

Etudes au choix.

1. *Mathématiques.* — *Courbes et Fonctions*, de Peirce, vol. II, fin.

2. *Grec.* — *Discours* d'Eschine sur la couronne. — Exercices grecs.

3. *Latin.* — Cicéron, *De naturâ Deorum.* — Compositions latines.

4. *Allemand.* — Grammaire et exercices. — *Goetz de Berlichingen,* de Goethe.

5. *Espagnol.* — *Si de las Nin* Moratin. — *Estrella de Sevilla,* de Lope.

6. *Italien.* — *Grammaire et Exercices* de Ollendorf. — *Chrestomathie italienne* de Foresti.

7. *Géologie.* — Leçons.

8. *Littérature moderne.* — Leçons.

2ᵉ terme.

1. *Philosophie.* — *Economie politique* de Wayland. — *Commentaires* de Kent, vol. I. — L'art de parler en public.

2. *Rhétorique.* — Thèmes et récitations.

3. *Evidences de la religion naturelle et révélée.* — *Analogie* de Butler. — *Evidences du Christianisme,* de Paley. — Leçons.

4. *Physique.* — Electro-statique et électro-dynamique.

Etudes an choix.

1. *Mathématiques.* — Mécanique analytique.

2. *Grec.* — Discours de Démosthènes sur la Couronne.

3. *Latin.* — Exercices. — Compositions.

4. *Allemand.* — Grammaire et exercices. — *Iphigénie,* de Goethe.

5. *Espagnol.* — *Principe constante,* de Calderon. — *Magico prodigioso,* du même.

6. *Italien.* — *Divine Comédie,* de Dante.

7. *Anatomie.* — Leçons.

8. *Zoologie.* — Leçons.

9. *Chimie.* — Leçons.

10. *Littérature moderne.* — Leçons.

L'hébreu est enseigné à ceux qui le désirent, ainsi que les langues gothiques et anglo-saxonne.

ÉCOLE DE THÉOLOGIE.

Les candidats de l'école de théologie, qui ne sont pas gradués d'un collége ou bacheliers, sont appelés, pour pouvoir être admis aux cours, à être examinés sur Virgile, Cicéron et Salluste.

L'*Anabasis* de Xénophon, le 1er livre d'Hérodote, les deux premiers livres des *Mémorables* de Xénophon.

La géographie, l'arithmétique, la géométrie et l'algèbre.

La logique et la rhétorique, l'*Essai sur l'Entendement humain* de Locke, les *Éléments de la philosophie* de Stewart, la *Philosophie morale* de Paley, l'*Introduction* de Jouffroy aux sciences morales, et l'*Analogie* de Butler.

Les cours de théologie, qui durent trois ans, embrassent les études suivantes :

Récitation et exercices,

Hébreu,

Principes de critique et d'exégèse,

Religion naturelle et révélée,

Théologie dogmatique,

Morale chrétienne,

Théologie pratique,

Histoire de l'Eglise,

Gouvernement de l'Eglise,

Composition et récitation de sermons,

Devoirs pastoraux,

Improvisations.

———

Note *d*, p. 50. — COLLÉGE DE PRINCETON ET SÉMINAIRE DE L'UNION, A NEW-YORK.

Le collége de New-Jersey, à Princeton, comptait, en 1853, seize professeurs, plus trois professeurs de droit.

Élèves.

Senior.	70
Junior	91
Sophomore.	49
Freshmen.	19
	229

10.

Le séminaire théologique de l'Union, à New-York, était composé comme suit en 1853 :

Professeurs. 7
Étudiants. 88

ÉTUDES.

CLASSE DES JUNIOR.

Bible. — Grammaire hébraïque et exercices. — Fragments du Pentateuque et des Psaumes en hébreu. — Leçons d'herméneutique. — Exégèse des quatre Evangiles, d'après l'harmonie grecque. .

Théologie. — Psychologie et morale. — Théologie naturelle. — Evidences. — Inspiration et Canon des Ecritures.

Homilétique. — Leçons sur la rhétorique sacrée et l'élocution.

Histoire. — Leçons sur l'histoire de l'Ancien Testament. — Leçons sur l'encyclopédie théologique.

CLASSE MOYENNE.

Théologie. — Cours de doctrine.

Bible. — Exégèse hébraïque : Ecclésiaste, petits prophètes, etc. — Exégèse grecque : Epîtres du Nouveau Testament.

Homilétique. — Plans de sermons, etc. — Gouvernement de l'Eglise.

Histoire. — Histoire de l'Eglise dans les temps apostoliques.

CLASSE DES SENIOR.

Homilétique. — Leçons sur la composition et le débit des sermons. — Leçons sur la théologie pastorale.

Histoire. — Histoire générale de l'Eglise chrétienne. — Leçons sur l'histoire des dogmes et la symbolique.

Bible. — Exégèse hébraïque : Les petits prophètes, Esaïe, Job, etc. — Exégèse grecque : Epîtres du Nouveau Testament.

Théologie. — Conclusion du cours de doctrine.

CLASSES RÉUNIES.

Essais sur les plus importants sujets. — Récitation publique une fois par semaine. — Discussions publiques, auxquelles président les professeurs, une fois la semaine. — Exercices privés d'élocution et critique de sermons. — Leçons occasionnelles sur la géographie biblique. — Musique sacrée.

Note *e*, page 81. — BUFFALO.

La ville de Buffalo, à l'extrémité du lac Erié, et par conséquent à l'entrée du Niagara, a été fondée en 1801. En 1813, elle fut incendiée et réduite en cendres, par un corps d'Anglais et d'Indiens. Deux maisons seules étaient restées debout. En 1825, sa population n'était que de 2,412 âmes ; en 1835, elle comptait 15,661 habitants; en 1845, 29,773 ; en 1848, 40,000 ; aujourd'hui elle en a 65,000. Le même accroissement s'est reproduit dans un très grand nombre de villes des Etats-Unis.

Note *f, page 94.* — LA PRESSE RELIGIEUSE.

On se ferait difficilement une idée, en France, du nombre de journaux et de l'action puissante de la presse religieuse aux Etats-Unis. Il n'est pas une des grandes fractions du protestantisme américain qui n'ait ses journaux ou d'édification, ou ecclésiastiques, ou des Missions, tous en voie de prospérité, sans parler de ceux qui, comme le *New-York Observer,* ne se rattachant à aucune Eglise en particulier, s'adressent à toutes les communions évangéliques en général.

Tel journal des Missions, le *Missionary Herald* de Boston, par exemple, et la feuille des Missions de *l'Eglise presbytérienne*, se tirent à un nombre considérable d'exemplaires, et sont une source annuelle et abondante de revenus pour les Sociétés qui les publient.

Le fondateur de l'un des journaux de New-York les plus populaires nous a dit à nous-même qu'il avait fait sa fortune avec son journal, et il a ajouté que son frère, à qui il l'a cédé, est en voie de devenir aussi riche que lui.

Le révérend John Abbott, l'un des collaborateurs du *Harper's Magazine,* publication périodique très

accréditée aux Etats-Unis, nous a tenu ce langage :
« Quand je rédige un article pour le journal de
M. Harper, je me sens stimulé par la pensée que
j'écris pour un million de lecteurs. »

A ce propos, le mois dernier, les immenses ateliers de l'imprimerie et les vastes magasins de la
librairie de M. Harper, l'éditeur du dernier journal
dont il vient d'être question, ont été la proie des
flammes. On évalue la perte occasionnée par ce sinistre, à 5,500,000 fr. Toutefois, on n'a que médio-
crement plaint M. Harper, à New-York, par la raison qu'il est fort riche, et qu'en peu de temps il
aura regagné les capitaux que le feu vient de lui
consumer.

Nous ne citons ces faits que pour donner une
idée de l'influence de la presse et surtout de la
presse religieuse aux Etats-Unis, et du public in-
nombrable sur lequel elle agit.

Si nos journaux religieux français , les *Archives
du Christianisme, l'Espérance,* le *Journal des Missions évangéliques,* le *Petit Messager des Missions* et
autres, se trouvaient, nous ne dirons pas dans des
circonstances semblables, mais seulement propor-
tionnellement analogues, leurs rédacteurs y travail-
leraient avec un peu plus de joie et de courage.
Non seulement ils n'y font pas leur fortune, comme
chacun sait, mais ils ont singulièrement de peine,
au bout de l'année, à balancer leurs dépenses par
leurs recettes, pour ne rien dire de plus.

Note *g*, page 100. — LOWELL.

Lowell est le Manchester des Etats-Unis. En 1815, le lieu où cette ville est bâtie était une espèce de désert ; on n'y trouvait que quelques rares habitations. En 1828, sa population était de 3,532 âmes ; en 1840, elle s'était élevée à 20,796 ; en 1850, à 33,385 ; en 1853, à 37,000 habitants.

On a calculé que la quantité d'étoffes fabriquées à Lowell, chaque jour, suffirait pour couvrir une étendue de pays de 67 lieues, et chaque heure, de 6 lieues environ.

Les maisons où les ouvriers et ouvrières sont reçus en pension, se ferment à dix heures du soir. On n'y reçoit personne passé cette heure-là.

Une personne qui ne s'abstiendrait pas de toute liqueur enivrante, ou dont la conduite ne serait pas régulière, ou qui négligerait ses devoirs religieux, serait immédiatement renvoyée.

Une caisse d'épargne a été fondée à Lowell, en 1829. Dans l'espace de seize ans seulement, à dater de son origine, elle a reçu 2,103,500 dollars (10,517,500 francs de France), et remboursé 1,423,500 dollars (7,117,500 fr.)

En 1850 seulement, la caisse d'épargne de Lowell a reçu en dépôt 4,126,480 fr., provenant de 5,447 déposants, la plupart ouvriers. Il est à remarquer que tous ne placent pas leur argent à la caisse d'épargne. Il y en a qui prennent des actions de chemins de fer, de manufactures, etc.

Il n'est pas rare qu'une jeune fille ait en dépôt à cette banque une somme de 2,500 fr. ; la banque paie 2 °/₀ d'intérêt tous les six mois ; l'intérêt s'ajoute au capital, s'il n'est pas retiré. Tous les cinq ans les dividendes sont répartis entre les dépositaires, qui touchent ainsi jusqu'à 7 °/₀ d'intérêt de leur capital.

Il y a à Lowell une société fondée par des particuliers, dans le but de faire donner des cours publics aux ouvriers et ouvrières. Ces séances ont lieu le soir, en hiver. Les professeurs les plus distingués sont chargés de cet enseignement (lectures), qui est précédé et suivi de morceaux de musique, exécutés par des artistes. Le billet d'admission à ces cours se paie au prix modique de 3 fr. 75 c. On a placé jusqu'à 1,200 de ces billets pour un seul cours.

Dans le courant de l'année 1850, la ville de Lowell a dépensé 225,000 fr. pour les écoles, dont 1 supérieure, 8 écoles de grammaire et 38 écoles primaires.

Les personnes employées dans les manufactures ont accès à une bibliothèque de 7,000 volumes.

On a vu souvent à Lowell des ouvrières s'associer pour prendre des leçons d'un professeur de langue étrangère, d'autres se cotiser pour louer un piano et avoir un maître de musique, et l'on entend quelquefois les sons de cet instrument quand on passe devant les maisons où elles logent. Il y a en outre des associations que l'on nomme *Cercles du Progrès*

(Improvement Circles), qui se réunissent dans le but d'entendre et de critiquer des compositeurs anonymes. C'est dans l'un de ces cercles qu'a pris naissance l'idée du *Journal* dont nous avons parlé précédemment, et qui a été publié pendant quelque temps par de jeunes ouvrières, sous le titre de *Lowell Offering* (l'Offrande de Lowell).

Nous avons dit ailleurs que les ouvriers et ouvrières de Lowell sont tenus à fréquenter assidûment le culte public. Mais il ne faudrait pas croire qu'ils ne font en cela que se conformer à un règlement de discipline établi par les chefs de leurs manufactures respectives. Leur zèle pieux et leurs charités chrétiennes en sont la preuve. Une seule Eglise de Lowell, composée uniquement de personnes de cette classe, a recueilli, en une seule année, pour l'œuvre des missions évangéliques, une somme de 2,000 fr. Une autre association, dans une année aussi, a trouvé une somme de 5,000 fr. pour fonder une bibliothèque de pasteur et une autre pour créer une bibliothèque de paroisse de 2,300 volumes. En 1844, on a calculé que les ouvriers et ouvrières de Lowell avaient contribué, outre leurs dépenses ordinaires, pour une somme de 56,630 fr. destinée à différentes œuvres religieuses.

La santé des ouvriers et ouvrières de Lowell est excellente et ne souffre pas de leurs travaux dans les manufactures. Au mois d'avril 1850, sur 13,000 personnes, il ne s'en est trouvé que 13 qui eussent eu besoin des secours du médecin.

En terminant ces détails, nous donnerons la traduction littérale des règlements établis par l'une des compagnies manufacturières de Lowell, pour maintenir le bon ordre dans les maisons où logent les ouvriers. C'est celui de la Compagnie Hamilton. D'après celui-ci, on pourra juger des autres.

« Il est défendu aux tenanciers des pensions (boarding houses), de louer ou de laisser occuper quelque partie que ce soit de leurs maisons, par des personnes qui ne seraient pas attachées au service de la Compagnie, à moins qu'ils n'aient obtenu pour cela une permission spéciale.

« Ils sont responsables de tout acte inconvenant qui se commettrait dans la maison, et il entre dans leurs obligations de ne pas permettre à leurs locataires de recevoir des visites d'amis à des heures indues.

« Les portes doivent être fermées à dix heures du soir, et personne ne peut être admis après cette heure-là, sans des motifs valables.

« Les économes des pensions sont tenus de rendre un compte exact du nombre, des noms et de l'emploi du temps de leurs locataires, et de faire connaître le nom de ceux dont la conduite ne serait pas régulière ou qui ne seraient pas dans l'habitude de fréquenter le culte public.

« Les bâtiments et les cours qui les entourent doivent être tenus proprement et en bon ordre ; et lorsqu'ils sont endommagés autrement que par l'ef-

fet de l'usage ordinaire, toutes les réparations nécessaires seront faites aux frais des locataires.

« Les allées latérales doivent être tenues proprement ; s'il neige, la neige doit être enlevée immédiatement. Si ce soin est négligé, la neige sera enlevée
aux frais des pensionnaires.

« Il est à désirer que les familles de ceux qui
vivent dans la maison, aussi bien que les pensionnaires eux-mêmes qui n'ont pas eu la petite vérole,
se fassent vacciner. La Compagnie se charge de la
dépense pour ceux qui le désirent.

« Une chambre convenable doit être réservée
dans la maison et appropriée pour l'usage des malades, afin que les personnes en santé ne soient pas
dans la nécessité de coucher dans la même chambre
que les personnes indisposées.

« AVERY, agent. »

Note h, page 111.—LE GÉNÉRAL FRANKLIN PIERCE.

Le général Pierce, président actuel des États-
Unis, appartient à une opinion politique assez
avancée ; il est démocrate, comme chacun le sait.
Mais en Amérique cette manière de voir n'est point
incompatible avec des convictions religieuses arrêtées et qu'on ne craint pas d'avouer. On en jugera
par un passage emprunté au dernier Message du président des États-Unis. Nous ne sommes point accou-

tumés en Europe à un pareil langage. Les mots de *Dieu* et de *Providence* apparaissent bien quelquefois dans les discours officiels prononcés dans les grandes solennités publiques ; mais nous doutons qu'on y entre souvent dans d'aussi grands développements que ceux auxquels s'est livré le général Pierce dans l'extrait qu'on va lire de son Message. Ceci aussi est un trait de mœurs et l'un des caractères de l'esprit public aux États-Unis qui méritent de fixer l'attention. Voici les paroles du président :

« Quoiqu'une maladie (le choléra) qui a pris tout-à-coup les caractères d'une vaste et destructive épidémie, ait laissé de funestes traces dans quelques portions de notre pays, nous avons encore de nombreux motifs de rendre à Dieu nos humbles actions de grâce pour tant de bénédictions signalées répandues sur nous comme nation. Il importe que le sentiment de nos progrès rapides et de l'accroissement de nos forces soit habituellement associé à celui d'une humble dépendance à l'égard de ce Dieu qui tient dans ses mains la destinée des empires.

« Tout en reconnaissant la sagesse du principe large et absolu de la liberté religieuse, proclamée dans notre Constitution, et en me réjouissant de la bienfaisante influence qu'il a exercée sur notre condition politique et sociale, je croirais manquer à un devoir manifeste, si je n'exprimais pas ici ma profonde conviction que nous ne pouvons mettre aucune confiance assurée dans nos progrès apparents, à moins qu'ils ne reposent sur une moralité et une probité nationales qui aient elles-mêmes leur racine dans les grandes vérités enseignées et exposées dans la révélation de Dieu. Au milieu des soucis que nous causaient nos compatriotes souffrants et affligés, nous avons été puissamment consolés en voyant comment ce fléau a promptement effacé les distances, et fait de véritables voisins des cités et des districts les plus éloignés. C'est avec bonheur que nous avons observé la puissance de ce lien fraternel qui unit les cœurs dans toutes les parties de l'Union, dès qu'un danger extérieur ou une calamité intérieure viennent à nous menacer. »

Note i, page 134.— NAUFRAGE DE QUATRE MISSIONNAIRES APPARTENANT A LA MISSION DU CANADA.

Les deux missions évangéliques du Canada, dont les agents sont pour la plupart Suisses et les autres Français, ont leurs centres d'action, l'une à la *Grande-Ligne,* l'autre à *Montréal.* Les stations de la première sont : la Grande-Ligne, Sherrington, Henriville, Chazy, Saint-Pie, Corinthe, Bérée et Salem. Les stations de la seconde : Montréal, Sainte-Thérèse, Belle-Rivière, Industrie, Ramsay et Pointe-aux-Trembles. M. le ministre Vernier a été, pendant plusieurs années, l'un des principaux agents de cette dernière mission. Ce digne ouvrier était revenu en Europe, l'année passée, pour y chercher des aides, devenus indispensables dans le vaste champ de travail que son zèle avait contribué à agrandir. Il avait réussi à enrôler sous la bannière de la mission trois jeunes serviteurs de Dieu, dont l'un marié et père de deux enfants. M. Vernier et ses nouveaux compagnons d'œuvre s'étaient embarqués le 22 août 1853, à Liverpool, pleins d'espérance et de joie. Le premier retournait au Canada, heureux de la perspective d'y retrouver son épouse et ses cinq enfants, et d'y reprendre le cours de ses labeurs un moment interrompus ; ceux-ci l'accompagnaient, brûlant du désir de consacrer avec lui, et sous sa direction, leur jeunesse et leur vie à l'œuvre de la régénération morale du Canada. Mais que les vues de l'homme mortel sont bornées, et qu'il sait peu ce que lui réserve le lendemain ! Une terrible catastrophe est venue, coup sur coup, arrêter cet homme de Dieu et ses amis dans l'accomplissement de leur pieux dessein. Ces faits sont si récents encore, ils se lient si étroitement à une mission que nous avons eu l'avantage de voir à l'œuvre ; ils sont en soi si émouvants, si tragiques, si propres à laisser de profondes et salutaires impressions dans l'âme, que nous sommes sûrs que nos lecteurs ne regretteront pas que nous les ayons consignés dans ces feuilles.

Nous empruntons le récit qu'on va lire, en l'abrégeant toutefois et en le modifiant dans quelques-unes de ses parties, à la *Bibliothèque évangélique des Familles,* publiée à Strasbourg par M. le professeur Charles Cuvier (N°° 17, 18 et 19). .

§ 1. *Notice sur M. Vernier, instituteur-évangéliste à la Pointe-aux-Trembles.*

J. Vernier naquit, le 4 novembre 1822, à Glay (près de Montbéliard, département du Doubs), où ses parents travaillaient dans une manufacture de papier, et où il passa heureusement les premières années de sa vie. Plus tard il se rendit à Meslières, paroisse de Glay, où bientôt il se joignit à son père, comme fils aîné, pour travailler avec lui. Ce ne fut pas là la plus heureuse partie de sa vie. Aussi désirait-il en sortir le plus tôt possible. Un jour même une femme l'entendit se plaindre au pied d'un rocher; il lui semblait que, semblable à ce rocher, l'avenir inflexible ne lui laissât aucun espoir. Vernier aspirait à une autre vocation qui répondît mieux aux besoins de son esprit et de son cœur.

C'est dans ce temps-là, époque de sa première communion, qu'il se rapprocha de l'institut de Glay, où il espérait trouver des livres; mais ce rapprochement ne se fit pas sans des épreuves plus ou moins douloureuses pour lui. Après son entrée à l'institut, le 24 juillet 1839, à l'âge de seize ans, il eut à soutenir de grandes luttes, au dedans et au dehors. Son père tomba ensuite malade et fut longtemps alité. Dieu, sans doute, le voulait ainsi pour le bien du père et du fils : la petite chambre du malade devint souvent un modeste sanctuaire et un lieu de douce édification.

Enfin arriva pour Vernier le moment de travailler activement dans la vigne du Seigneur. Appelé à diriger l'école de M. Gerber, pasteur à Troyes, il s'y rendit le 24 janvier 1842, après avoir passé deux ans et demi à l'institut de Glay. Ce nouveau séjour, d'un an environ, fut riche pour lui en expériences, et il n'eut qu'à se féliciter de la sollicitude paternelle d'un serviteur de Dieu comme l'était le fidèle pasteur de Troyes.

Bientôt, cependant, Vernier dut quitter ce premier champ du travail, pour aller commencer des études à l'école de théologie de Genève. Il en suivait le premier cours, lorsque le comité des missions canadiennes lui proposa la place d'instituteur à la Pointe-aux-Trembles, près de Montréal.

Il s'y rendit, en 1843, avec une fidèle compagne, dont il avait fait connaissance à Genève, et il y travailla pendant dix ans avec des succès qui lui promettaient un avenir toujours plus béni et toujours plus heureux. Mais les premières années de ce séjour avaient été des années d'une laborieuse et pénible mission, et peu s'en fallut que Vernier et sa famille ne revinssent dans leur première patrie. Le Seigneur, toutefois, leur accorda de meilleurs jours, en bénissant leurs travaux et en leur gagnant les cœurs des professeurs et des élèves. Ces derniers firent de remarquables progrès dans l'établissement agricole, où leur directeur Vernier leur servait d'instituteur, de pasteur et de père, et c'est quand ils ont appris qu'ils ne le reverraient plus, qu'ils ont compris réellement tout ce qu'il avait été pour eux.

Souvent Vernier avait dû quitter ses élèves pour évangéliser leurs parents et d'autres Canadiens, et dans cette sphère missionnaire il avait obtenu de grands succès, par un effet de la bonté de Dieu. Aussi le comité, qui avait su apprécier de semblables travaux, l'avait fait consacrer au saint ministère, et dans une dernière séance, remarquable par sa solennité, il l'avait chargé en toute confiance de passer les mers, pour aller recommander son œuvre aux chrétiens de l'Europe et de l'Angleterre en particulier, et y recruter de nouveaux ouvriers instituteurs et pasteurs.

Le fidèle Vernier, revenu en Europe, avait, depuis quelques mois, rempli cette mission. Pendant le courant de l'été, il avait trouvé plusieurs collaborateurs en Suisse et à Glay, où il était revenu après une absence de dix ans, et où il avait réjoui, par sa présence, sa vieille mère et ses anciens amis.

Aussi lui tardait-il de quitter les rivages de la France et de l'Angleterre pour rejoindre sa femme, ses cinq enfants, son jeune frère, élève externe de Glay, ses trois sœurs et sa chère station missionnaire, lorsque le Maître de la moisson, souvent si mystérieux dans ses voies, vint lui crier du sein de la tempête : « Jusqu'ici, et pas plus loin! »

Après s'être embarqué à Liverpool, à bord du navire *l'Annie Jane,* capitaine Mason, pour retourner par Québec à Montréal, M. Vernier, qui emme-

naît avec lui, pour travailler à la mission canadienne, M. et Mme Kempf, de la Neuveville (canton
de Neuchâtel, en Suisse), avec leurs deux enfants ;
M. Cornu, de la Suisse française, et deux élèves de
l'institut de Glay, MM. Marc Ami et Van Büren, a
péri, avec la famille Kempf, dans le naufrage de ce
bâtiment, sur les rochers des îles Hébrides, pendant
la nuit du 28 au 29 septembre 1853.

Au dernier moment, un instant avant d'être en-
glouti par les flots, ce fidèle chrétien s'est appuyé
avec foi sur son Sauveur, et nous avons toute raison
de croire qu'il est mort dans la paix de son Dieu.

Nous commençons le récit des épreuves de ces
chers missionnaires par une lettre de M. Marc Ami,
écrite à bord de *l'Annie Jane*, le 29 août dernier,
après une première tourmente qui avait déjà mis en
danger les passagers de ce bâtiment, et avait forcé
le capitaine à revenir à Liverpool.

§ 2. *Premier départ de* l'Annie Jane *et retour à Liverpool. — Lettre de M. Ami.*

« A bord de *l'Annie Jane*, le 29 août 1853.

« Cher Monsieur,

« Vous serez sans doute fort étonné de recevoir
une lettre de moi qui ne vous en avais promis une
qu'après notre arrivée au Canada. Mais les voies du
Seigneur ne sont pas nos voies ; voici ce qui nous
est arrivé :

« Nous sommes allés à bord de *l'Annie Jane*, le 22, à deux heures de l'après-midi; mais ce ne fut que le soir que nous sortîmes des docks où nous étions, pour passer dans la rivière, où nous sommes entrés à deux heures de la nuit. Nous pensions partir à la haute marée, à huit heures du matin; mais le vent étant contraire, nous ne le pûmes point......

« Le 25 nous étions donc dans l'Océan. Le capitaine de notre bâtiment, M. Mason, nous fit prendre au nord une route autre que celle que nous aurions dû suivre; mais il voulait avoir les vents du nord afin d'arriver plus vite à Québec. Malheureusement, le bon vent qui nous avait poussés pendant la journée, dégénéra pendant la nuit en tempête. Le vaisseau, qui était fort bien mâté, mais mal chargé, nous faisait éprouver un roulis insupportable. Nous faisions cependant plusieurs milles à l'heure, et tout allait assez bien, lorsque le matin, un coup de vent plus fort que les autres cassa le mât du milieu par la moitié; un instant après les deux autres se brisèrent par le haut, et quelques instants après le mât de la poupe se rompit à la première jonction. Nous voilà donc avec trois mâts cassés, un vaisseau ballotté au-delà de toute description, un vent terrible et des vagues comme des montagnes.....

« Tout le monde était au lit, malade à mourir, et surtout M. Van Büren. Ce temps dura deux jours, au bout desquels les passagers de l'entrepont firent demander le capitaine, et lui dirent

que plus de la moitié d'entre eux étant très malades,
ils ne pouvaient résister plus longtemps à leurs
souffrances ; que, de plus, comme il faudrait un
temps considérable pour arriver à Québec avec un
bâtiment si avarié, il fallait virer de bord et retourner à Liverpool. Jusqu'ici nous avions toujours
cinglé vers le nord, et nous étions presque à la hauteur de l'Islande lorsque le capitaine, cédant à la
demande des passagers, se dirigea immédiatement
vers le sud. La tempête diminuait un peu ; mais le
roulis était toujours si fort, que nous ne pouvions
rester dans nos lits, et qu'en roulant ainsi nous
nous abîmions les os. Nous étions harassés et dans
une disposition d'esprit peu favorable à la prière.
Néanmoins, Celui qui commanda à la tempête sur
le lac de Génézareth, nous préserva de tout danger
et exauça sinon nos prières, du moins les soupirs
de nos cœurs. . . . .

« Ah ! celui qui abandonne sa patrie, ses parents,
ses amis, tout ce qu'il aime pour se rendre au-delà
des mers, s'il n'était soutenu par le Seigneur, serait
bientôt découragé. Mais malheur à celui qui, ayant
mis la main à la charrue, retourne en arrière ; il
n'est pas digne de servir le Seigneur. Nous sommes
pleins de courage ; nous supportons l'épreuve assez
tranquillement, et quoique souvent mon cœur se
déchire en pensant à Genève et à mon cher Glay, je
chasse ces pensées par la prière et je me rassure en
mon Dieu, qui m'a dit : « Va. » M. Vernier m'a re-
présenté ma tâche, et je vous assure qu'elle est

beaucoup plus difficile que je ne l'envisageais. Mais j'ai un Sauveur qui ne m'abandonnera point, des amis qui me soutiendront, des cœurs qui me consoleront. . . . .

« Nous venons de passer une bonne nuit, grâces à Dieu; nous sommes plus heureux, et dans ce moment même j'entends M. et Mme Kempf chanter des cantiques dans leur cabine. Le vent, qui devient assez fort, nous pousse assez vite, et malgré le peu de voiles que nous possédons, nous faisons six milles à l'heure, ou en termes de matelot, nous filons six nœuds. : . . .

« J'élève souvent mon cœur à Dieu, pour le supplier de me garder dans ma faiblesse et de me donner de supporter les épreuves. . . . .

« Nous ne savons point encore la raison pour laquelle le Seigneur nous ramène à Liverpool; mais la pensée que vous avez eue et que vous nous avez communiquée à Cornu et à moi, que, si ce n'était pas la volonté du Seigneur de nous conduire au Canada, il pourrait arriver qu'étant même déjà en pleine mer, le vaisseau revînt sur ses pas, s'est déjà présentée à mon esprit. Néanmoins, que le Seigneur dispose de moi comme il le voudra; je suis prêt à tout. . . . .

« Nous sommes maintenant en vue d'Anglesey, et nous espérons arriver à Liverpool dans la nuit. De là, nous partirons de suite avec un steamer ou un paquebot pour New-York. Le temps est très calme; nous sommes tout-à-fait rétablis et heureux de nous sentir en sûreté, après avoir été si près de la mort. Je me recommande beaucoup à vos prières.....

« Nous vous saluons tous, et je reste pour la vie votre dévoué frère en Christ.

« Marc Ami. »

§ 3. *Second départ et naufrage de* l'Annie Jane. — *Mort de M. Vernier et de la famille Kempf. — Lettres de MM. Ami, Cornu et Van Büren.*

Après avoir reçu la lettre qu'on vient de lire, la mère et les amis de M. Vernier et de ses compagnons, heureux d'apprendre leur délivrance, pensèrent que d'après les intentions exprimées dans cette lettre, ils auraient quitté *l'Annie Jane* et se seraient embarqués immédiatement sur un bateau à vapeur partant pour le Canada.

Ils étaient pleinement rassurés sur leur compte, bien qu'ils n'eussent aucune nouvelle de leur arrivée, lorsqu'ils reçurent un journal anglais, *the Manchester Guardian,* du 12 octobre 1853, dans lequel ils lurent avec anxiété une longue et déchirante description du naufrage de *l'Annie Jane,* tirée du *Glasgow Herald.*

« Nous remplissons une tâche pénible, disait ce journal, en annonçant à nos lecteurs un des naufrages les plus déplorables qui aient jamais eu lieu sur les côtes d'Écosse, et qui a coûté la vie à plus de quatre cents créatures humaines.

« *L'Annie Jane*, capitaine W. Mason, bâtiment
neuf de 1,294 tonneaux, et se rendant à Québec,
avait mis à la voile le 9 septembre dernier, avec un
grand nombre de passagers et une cargaison composée en grande partie de fer, destiné à la construction d'un chemin de fer dans le Canada. La liste
nominative des places de passagers s'élevait à plus
de quatre cents, sans compter un nombre considérable d'enfants, payant moins cher que les grandes
personnes, représentant deux têtes pour une place
ou trois pour deux places, de sorte que le nombre
des passagers effectifs dépassait de beaucoup le
nombre de quatre cents.

« L'équipage comptait quarante-cinq hommes, y
compris le capitaine et les officiers; et parmi eux,
douze matelots natifs de la Grande-Bretagne, et les
autres, en plus grand nombre, Français canadiens.
Une centaine de passagers était originaire de Glasgow
et de l'Ouest de l'Écosse ; c'étaient des charpentiers
et des artisans avec leurs familles, qui avaient été
engagés pour travailler à une entreprise d'utilité publique, au Canada. Il y avait aussi à bord des passagers de l'île de Skye, et beaucoup d'Irlandais.
Plus de douze cabines étaient occupées par des passagers, et parmi ces derniers se trouvait le capitaine
Rose, qui allait prendre au Canada le commandement d'un navire tout neuf, destiné à mettre à la
voile des parages même où se rendait *l'Annie Jane*.
La majorité des passagers des cabines étaient des
Français canadiens.

« Après quelques jours d'une navigation favorable, le bâtiment fut assailli par des vents qui dégénérèrent en tempête. Le navire étant mal chargé, la cargaison extrêmement lourde, le roulis du bâtiment devint effrayant. Les ravages furent tels sur le bâtiment, que le capitaine se décida enfin à retourner à Liverpool. Mais *l'Annie Jane* ne put atteindre le port. Le bâtiment, poussé par la tempête, vint s'abîmer, dans la nuit du 28 au 29 septembre, sur les côtes d'une des îles Hébrides, et de tous ceux qui étaient à bord il n'échappa que cent deux personnes. »

A la nouvelle de ce sinistre, la mère de M. Vernier, qui demeure à Meslières, dans le val de Glay, et tous ses amis, avaient encore l'espérance que le missionnaire et ses compagnons s'étaient rendus au Canada à bord d'un autre navire ; et déjà ils remerciaient Dieu de cette délivrance supposée, lorsqu'arrivèrent peu après, successivement, les lettres suivantes de MM. Ami, Cornu et Van Büren, qui dissipèrent leurs illusions.

1. Lettre de M. Ami.

« Liverpool, le 28 octobre 1853.

« Mon cher Monsieur,

« Ce n'est que par une grâce toute particulière du Seigneur que je vous écris maintenant d'une ville que j'avais quittée, pour la première fois, il y a plus de deux mois. Mais les voies du Seigneur sont insondables, comme les abîmes que nous avons traversés et au fond desquels nous avons été plongés. Jamais peut-être voyage n'a été marqué par autant d'incidents extraordinaires que le nôtre. Je vais, en quelques mots, vous en raconter les détails. Si le bras du Seigneur s'est signalé en notre faveur, que de malheureux qui ont péri !

« Vous savez, par ma dernière lettre, les désastres que nous avons éprouvés pendant notre premier voyage. Quand le bâtiment fut réparé, après sept jours d'attente, nous nous embarquâmes de nouveau, parce que, malgré tous nos efforts, il nous fut impossible de recouvrer le prix de notre passage, qui s'élevait à 1,750 fr. Depuis, nous avons subi quatre horribles tempêtes. La première a eu lieu le 12 septembre, c'est-à-dire trois jours après notre second départ. Le beaupré, le mât de la proue et la moitié du second mât se sont cassés ; les machines étaient emportées par les vagues, la boussole était perdue, le gouvernail brisé, et les vagues qui se précipitaient sur le pont avaient enfoncé les fenêtres, de sorte que nous étions dans l'eau jusqu'aux genoux. Mais ce n'était rien encore.

« Obligés de retourner sur nos pas, après une quatrième tempête, vu le triste état de notre bâtiment, nous étions, le 28 septembre, en face de l'île de Barra-Head, la dernière des Hébrides, et nous croyions être bientôt à Liverpool, lorsqu'un vent impétueux de l'ouest nous lança sur les écueils qui bordent cette île.

« Il était huit heures du soir. Nous étions perdus si le capitaine, par une hardie manœuvre, n'eût fait virer de bord..... Mais le vent étant plus fort que les deux petites voiles qui nous restaient, nous étions poussés violemment contre de terribles écueils, où nous aurions tous péri; mais, grâces au Seigneur, notre capitaine connaissait bien la place; il nous poussa dans une petite baie, remplie d'écueils, il est vrai, mais où il espérait sauver beaucoup plus de monde. A peine entré, notre vaisseau se brisa en trois pièces : la quille et la charge demeurèrent au fond de la mer; nous qui étions dans les cabines, ainsi qu'une cinquantaine de passagers d'entre-pont, nous fûmes en un instant submergés. Nous ne doutions pas que notre dernière heure ne fût venue; mais je ne sais comment trois d'entre nous ont échappé : ce sont Van Büren, Cornu et moi; tous les autres sont vers Jésus. Notre bien-aimé Vernier, M. Kempf, sa femme et leurs deux enfants, et de plus trois cent quarante-huit personnes ont trouvé la mort, et cent deux seulement sont sauvées. Ah! quelle nuit! Une mer en tourmente, un vaisseau brisé, des gens à moitié morts de froid... Depuis une heure de la nuit jusqu'à six heures, nous sommes restés sur les débris du bâtiment, presque gelés et assis sur des cadavres. A six heures, nous sommes sortis et nous nous sommes sauvés sur l'île de Watersay, en entrant dans l'eau jusqu'au cou. Là, nous avons été reçus par les habitants. Préparez la famille Vernier à cette nouvelle; soulagez cette pauvre mère et ses enfants. Mon cœur est plein ; je ne puis continuer. Je vous écrirai plus tard.

« Cornu et moi, nous partons demain (29 octobre 1853), par le steamer l'*America,* pour Boston, et de là, en chemin de fer, pour Montréal. Van Büren retourne en Hollande pour six semaines. Il a trop souffert sur le bâtiment. S'il plaît à Dieu, il nous rejoindra dans six semaines avec M. Court, le secrétaire de notre Société, que nous avons eu le bonheur de trouver à Glasgow.

« Votre dévoué,

« MARC AMI. »

2. Lettre de M. Cornu.

« .... A minuit, on entendit de nouveau sur le pont la voix du capitaine et le bruit des matelots. Notre frère Vernier comprit aussitôt que le danger était loin d'être passé. A peine nous eut-il fait lever, que nous ressentîmes des secousses plus fortes qu'auparavant. Notre vaisseau était enfin arrêté et échoué sur des écueils, au fond d'une petite baie, au midi de l'île de Watersay-Barra. Chacun attendait dans le silence le sort que le Tout-Puissant lui réservait. Les flots frappaient à coups redoublés contre notre pauvre navire. J'étais continuellement en prière. Je montai sur le pont pour examiner notre position ; la mer couvrait toujours le bâtiment par intervalles ; il fallait se cramponner fortement pour n'être pas entraîné. Des matelots qui étaient à mes côtés criaient de désespoir. Je leur dis que la dernière ressource était de prier Dieu, et, pendant cette heure d'angoisse, mon âme s'éleva vers mon Dieu Sauveur. Nous étions à cent pas de la terre, et tel était notre malheur que pas un moyen de sauvetage ne put être employé. Les chaloupes restèrent immobiles, jusqu'à ce que, détachées par les eaux, elles furent jetées en débris sur le rivage. Pas de feu, pas de moyen de nous faire remarquer. Ne pouvant plus y tenir, je descendis dans les cabines, et là j'attendis tranquillement le sort que le Seigneur me réservait. Enfin des craquements se firent entendre, et des cris de détresse nous arrivèrent de l'entrepont. Plusieurs passagers parvinrent à s'élancer dans nos cabines ou dans un lieu plus sûr. Ils étaient dans le plus triste état, et poussaient des cris à ne pas s'entendre. Mes amis se réfugièrent, de leur côté, dans la cabine d'un vieux marin de cinquante-trois ans de service. Les craquements recommencèrent; ce furent les derniers. Je m'aperçus que notre vaisseau se brisait, puis je sentis qu'il s'enfonçait dans l'abîme. Mon lit s'écroula; partout autour de moi des cris d'angoisse; j'étais dans une obscurité complète. J'attendis la mort en toute confiance. Je pardonnai à tous ceux qui avaient pu m'offenser : je recommandai mes parents à la garde bienveillante de Dieu, et lui remis mon âme. Mais alors il m'accorda une délivrance que je n'espérais plus.

« Au moment où je croyais les parois prêtes à se

briser sur moi et l'eau à m'arrêter la respiration, tout-à-coup Dieu me donna la pensée de faire un suprême effort pour me dégager de l'eau et des cadavres qui encombraient la cabine, et de m'échapper sur le pont par une fenêtre brisée. En effet, je gagnai le pont, où se trouvaient entassés beaucoup de gens. — Je vis alors que le navire était rompu en trois parties, les mâts couchés dans la mer, la proue roulée sur son côté, et la partie où nous nous trouvions toute brisée et tordue, mais au-dessus des flots. Il était à peu près deux heures de la nuit. — Environ trois cent cinquante créatures humaines avaient perdu la vie; cent deux furent préservées par la miséricorde de Dieu. — Enfin, grâce au reflux, nous pûmes gagner la terre en nous glissant le long d'un mât. Ma première pensée en touchant le sol fut une action de grace pour le Seigneur. — On entendit le jeune Kempf, âgé de douze ans, s'écrier encore, au moment de périr : « Papa ! papa ! nous mourons ! nous allons vers le bon Dieu ! »

3. Lettre de M. Van Büren.

« Dordrecht, novembre 1853.

« . . . . . . Vers deux heures et demie, M. Vernier nous pria de nous lever, nous disant que nous étions dans un plus grand danger qu'auparavant. Je prends mon manteau, je monte sur le pont, et bientôt je fus convaincu que notre dernière heure était proche. Le bâtiment était presque contre la côte, poussé par un vent terrible, couvert d'eau, entouré d'une nuit sombre et noire, et devant bientôt se briser contre des rochers très élevés. Le capitaine, faisant tout ce qui lui était possible pour retourner le navire, fut forcé de choisir un moyen pour sauver les passagers et laisser périr le bâtiment. L'ordre fut donné de le diriger sur une baie dans l'île de Watersay, et bientôt après le bâtiment heurtait contre les écueils.

« Terribles furent les cris de désespoir de tous les passagers qui, dans de profondes ténèbres, se trouvaient dans l'entrepont. Nous, qui nous trouvions sur le pont, nous étions tout mouillés, transis de froid, grelottants, et nous nous tenions fortement à des cordes pour ne pas être jetés à la mer. Mais voyant de plus en plus que toute espérance d'être sauvés s'évanouissait, nous retournâmes dans notre cabine. Là, je trouvai M. Kempf, sa femme et ses deux enfants, assis sur le canapé avec la femme du capitaine Rose, femme noble et chrétienne. Dès qu'elle m'aperçut, elle me tendit la main, me montrant des yeux que Dieu seul pouvait nous sauver. Aussitôt, une forte secousse les lança tous du canapé au milieu de la chambre, et, en même temps, une lame d'eau remplit en partie la cabine. Ami et M. Vernier étaient encore sur le pont; mais ils descendirent l'un après l'autre pour se joindre à nous. Le capitaine Rose descendit aussi; il prit sa femme par la main et, rentrant dans sa cabine, sa femme nous invita de la suivre pour être tous ensemble et nous consoler par la prière. Nous la suivîmes, et M. Vernier fit une prière, pour demander à Dieu de nous donner le calme et l'assurance de notre salut, de nous pardonner tout le mal que nous avions fait durant notre vie, de nous soumettre à sa volonté, soit qu'il nous conservât la vie, soit qu'il nous appelât vers lui, et de nous donner la faveur de contempler Celui en qui nous croyons. Cette prière terminée, il me prit par la main et nous priâmes de nouveau, dans notre propre cabine, pour sa femme et pour ses enfants. Ensuite, nous retournâmes chez M. Rose, ayant chacun une chandelle à la main.

« Pendant tout ce temps, le bâtiment n'avait pas cessé de se briser à coups redoublés sur les écueils, et la paroi de la cabine se sépara, ce que je fis voir à M. Vernier. La petite Kempf, de dix à onze ans, dit alors à son frère Louis : « Dans peu de temps nous serons vers Jésus, le bâtiment va enfoncer. » En même temps, le capitaine Mason entra dans sa cabine et déclara devant Dieu qu'il était innocent de la mort de tout ce monde. Il avait à peine fini de parler, que le bâtiment se rompit en trois morceaux. La partie entre le premier et le dernier mât, sur laquelle se trouvait le mât du milieu, coula à fond de suite. En même temps, ce qui se trouvait sous nos pieds se brisa aussi, ce qui fit périr tous les pauvres passagers d'entrepont, excepté quelques-uns qui étaient dans nos cabines, par la prudence du capitaine qui avait commandé d'enfoncer la paroi entre nos cabines et le premier étage de l'entrepont.

« Aussitôt que le bâtiment fut rompu, l'eau entra avec force, renversa tout ce qui était debout, remplit la cabine, éteignit les lumières et nous empêcha de respirer. Heureusement que l'eau se retira de nouveau et me permit de revoir pour la dernière fois ceux qui m'entouraient, La petite Kempf se trouvait entre moi et un coffre sur lequel je la plaçai ; mais une deuxième vague la renversa de nouvea et me poussa dans la salle à manger. Ami, qui se trouvait contre la paroi de la cabine du capitaine Mason, fut poussé à travers la paroi dans la cabine, et, par la troisième vague, il se retrouva dans la même chambre que moi. Alors, il n'y avait plus de cabines : tout était renversé ; la chambre était remplie de toutes sortes d'objets et de cadavres sur lesquels on marchait. Après la troisième vague, je me trouvai sur une table, sous les fenêtres dont les carreaux étaient brisés ; mais la boiserie était encore entière et ne permettait à personne de sortir. Je la brisai de ma main, et aidai ceux qui étaient devant moi. Ensuite je sortis aussi. Je me tins au gouvernail et vis plus de cent personnes, sur ce petit morceau du pont, se tenant les unes aux autres. Il était alors un peu plus de trois heures ; il n'y avait ni lune ni étoiles ; la mer nous couvrait à chaque instant ; le vent du nord nous gelait et fit périr plusieurs personnes snr le pont, de sorte que j'avais trois morts à mes pieds. C'est dans cet état que nous demeurâmes jusqu'à six heures. Alors les habitants de l'île vinrent à notre secours. Ils nous crièrent de jeter une corde. Un matelot s'avança sur le mât, retenu par des cordes. De là, il lança une corde aux habitants, qui, pour la prendre, s'avancèrent dans la mer. Après l'avoir saisie, ils la lièrent à terre, et nous assurèrent que l'eau était assez basse pour que nous puissions nous rendre à terre. Nous nous glissâmes donc l'un après l'autre sur le mât, et de là, en nous tenant à la corde dans l'eau, nous pûmes arriver ainsi à terre.

« Voilà, cher frère, la manière par laquelle MM. Cornu, Ami et moi, nous avons été sauvés. Dieu soit loué, pour cette délivrance qui surpasse toute imagination. Jamais je n'ai pressé un frère sur mon cœur avec plus d'amour et de reconnaissance que dans l'instant où nous nous retrouvâmes. Mais quelle douleur, quand nous avons été assurés de la mort de M. Vernier et de la famille Kempf!...

« Ami et Cornu sont de nouveau partis ; pour moi, je partirai le 2 décembre, s'il plaît à Dieu, avec M. Court, notre trésorier ; car ma santé est ébranlée et n'est pas encore rétablie.

« M. Vernier a été enterré à Watersay par le pasteur de l'île de Barra. M. Kempf et son fils sont dans le même cercueil, et sa femme avec sa fille dans un autre cercueil. »

« Votre tout dévoué,

« Van Büren. »

Les naufragés ayant été accueillis dans l'île, comme on vient de le voir, y restèrent neuf jours. Après avoir rendu les devoirs de la sépulture à leurs compagnons, dont les corps avaient été rejetés en tas sur le rivage, ils furent transportés dans l'île de Syke, plus rapprochée de l'Écosse, non sans être une troisième fois en danger de périr. Ils y rencontrèrent M. Necker de Saussure, de Genève, qui les entoura des soins les plus affectueux. Le 20 octobre enfin, ils arrivèrent à Glasgow, où, par une dispensation miséricordieuse de la Providence, ils rencontrèrent M. Court, trésorier de la Société canadienne, que des affaires avaient appelé en Europe, et qui leur fut à tous égards en aide. Partout, en Écosse, ils furent l'objet d'un intérêt fraternel et actif. MM. Cornu et Ami, comme on l'a vu par la lettre de ce dernier, doivent s'être courageusement rembarqués, le 29 octobre, pour le Canada. M. Van Büren a dû, comme l'indique sa lettre, se remettre en mer le 2 décembre dernier. Que le Seigneur les protége et leur donne de pouvoir redire avec allégresse, en se souvenant de ses délivrances :

« Ceux qui descendent sur la mer dans des navires, et qui font commerce sur les grandes eaux ; ce sont eux qui voient les œuvres de l'Éternel, et ses merveilles dans les lieux profonds. Car il commande, et il fait lever un vent de tempête, qui élève les vagues de la mer ; ils montent aux cieux, ils descendent aux abîmes ; leur âme se fond d'angoisse.

Ils branlent et chancellent comme un homme ivre, et toute leur sagesse leur manque. Alors ils crient à l'Éternel dans leur détresse, et il les délivre de leurs angoisses. Il arrête la tempête, la changeant en calme, et les ondes s'apaisent. Puis ils se réjouissent de ce qu'elles sont calmées, et il les conduit au port qu'ils désiraient. Qu'ils célèbrent donc la bonté de l'Éternel, et ses merveilles parmi les fils des hommes! Qu'ils l'exaltent dans l'assemblée du peuple, et le louent dans le lieu où les anciens s'assemblent. » (Ps. cvii, 23-32.)

« O profondeur des richesses de la sagesse et de la connaissance de Dieu! Que ses jugements sont impénétrables et que ses voies sont incompréhensibles! Car, qui est-ce qui a connu la pensée du Seigneur, ou qui est-ce qui a été son conseiller? Ou qui lui a donné quelque chose, et il lui sera rendu? Car toutes choses sont de lui, et par lui, et pour lui ; à lui soit la gloire dans tous les siècles. Amen! » (Rom. xi; 33, 34.)

Note *k*, page 137. — LE FORT CARILLON.

Le fort *Carillon*, autrement appelé *Ticonderoga*, fut bâti par les Français, en 1756. Il fut pris plus tard par les Anglais, qui, étant parvenus à transporter une pièce d'artillerie sur le sommet du mont *Défiance*, à 750 pieds au-dessus du lac, le foudroyèrent et s'en rendirent maîtres. En 1775, il fut enlevé aux Anglais par les Américains, qui le détruisirent. On n'en voit plus aujourd'hui que les ruines.

FIN

TÁBLE DES MATIÈRES.

APPENDICE.

PARIS.—TYP. SMITH, RUE FONTAINE-AU-ROI, 18.

www.ingramcontent.com/pod-product-compliance
Ingram Content Group UK Ltd.
Pitfield, Milton Keynes, MK11 3LW, UK
UKHW021212140726
13695UKWH00002B/487